Communication Skill

글로벌시대의
의사소통스킬

현재천 · 최민우 공저

Ib (주)백산출판사

머리말

　글로벌시대에 세계 각국은 자국의 이익을 창출하기 위해 다방면으로 경쟁력을 키우고 있다. 환대산업인 관광산업에도 많은 관심이 집중되고 있으나, 지난 몇 년 동안은 코로나19라는 팬데믹으로 인해 전 세계가 관광 침체기를 맞이하는 흑역사를 기록하게 되었다. 하지만 이제 어려움에서 벗어나 모든 산업이 기지개를 켜고 있으며, 굴뚝 없는 산업이라 일컫는 호텔산업, 여행업계, 항공사 등도 그 중요성이 한층 강화되고 있다. 이러한 추세에 맞추어, 관련 학문을 배우는 대학생들에게 조금이나마 도움이 되도록 직업기초능력 향상을 위한 『글로벌시대의 의사소통스킬』 책을 펴내게 되었다.

　본 교재는 다양한 연구논문, 여러 환대산업 관련 서적, 특히 한국산업인력공단, NCS 의사소통능력 매뉴얼은 물론, 오랜 현장 경험을 가진 분들의 고견과 교수님들의 조언 등을 참조해서 가능한 쉽게 이해할 수 있도록 구성하였다. 내용은 서비스맨의 예절, 의사소통스킬, 환대산업 서비스 등의 7 Part, 10장으로 구성하여 직업현장에서 실제적인 도움을 줄 수 있는 다양한 내용을 수록하였다.

　끝으로 본서가 나올 수 있도록 도움 주신 참고문헌의 저자분들과 교재를 내는 데 헌신적 도움을 주신 교수님들께 감사드리며, 아울러 출판에 아낌없는 협조를 해주신 출판사 관계자분들께 다시 한번 감사드린다.

2023년
저자 일동

글로벌시대의 의사소통스킬

Part 1 의사소통을 위한 서비스스킬
Chapter 1 서비스맨의 예절스킬
Chapter 2 서비스맨의 이미지스킬
Chapter 3 서비스맨의 태도스킬

Part 2 글로벌시대의 의사소통스킬
Chapter 4 의사소통의 이해

Part 3 글로벌시대의 문서이해 · 문서작성 스킬
Chapter 5 글로벌시대의 문서이해
Chapter 6 글로벌시대의 문서작성스킬

Part 4 글로벌시대의 경청스킬
Chapter 7 경청의 이해

Part 5 글로벌시대의 의사표현스킬
Chapter 8 의사표현의 이해

Part 6 글로벌시대의 기초외국어 스킬
Chapter 9 기초외국어의 이해

Part 7 환대산업의 서비스 이해
Chapter 10 환대산업의 서비스 이해

차례

PART 1

의사소통을 위한
서비스스킬

서비스맨의 예절스킬

1

제1절 | 서비스맨의 예절스킬

1. 서비스맨의 인사

1) 인사의 의미

의사소통을 할 때는 상호 간에 예절이 필요하다. 우선, 인사는 예절의 기본이며 마음에서 우러나오는 공경의 표현이다. 즉 상대에 대한 마음가짐의 외적 표현으로 존경심과 친절을 나타내는 것이다.

상사에 대하여는 존경심의 표현이고, 동료 간에도 동료애를 나타내는 것이다. 그리고 고객에게는 항상 서비스 정신을 기본으로 하여 정성과 감사하는 마음으로 인사를 하면 고객도 인사를 받으면서 교양과 인격이 겸비된 서비스맨의 자세를 느끼게 된다.

2) 인사의 일반 상식

인사의 일반 상식은, 첫째, 인사는 내가 먼저 해야 한다. 일반적으로는 아랫사람이 먼저 하는 것이 원칙이다. 하지만 근래에 와서는 먼저 보는 사람이 하는 것이 한층 보기 좋다. 또한 상대방이 나를 알아볼까? 내 인사를 받아줄까? 등에 신경쓰지 말고 용기를 내어 내가 먼저 하는 것이 좋다. 둘째, 상대방의 눈을 보며 한다. 따뜻한 마음으로 정성을 다해 인사하다 보면 자연스럽게 상대방의 눈을 보게 된다.

하지만 엉뚱한 곳에 시선을 준다면 상대방이 성의를 의심하게 되므로 상대의 시선과 같은 눈높이에서 인사하는 것이 좋다. 셋째, 상대방의 상황에 맞춰서 인사하는 것이 좋다. 상대방이 불편을 느끼게 하는 것은 인사의 기본이 아니다. 넷째, 약간 큰 소리로 명랑하게 해야 한다. 아주 크지 않게 음정을 다소 높이면 듣기 쉽고 밝은 인상을 준다. "안녕하십니까?" 하고 끝부분을 살짝 올리면 밝은 음성 연출과 밝은 표정에서 밝은 음색이 나온다.

다섯째, 지속적으로 해야 한다. 지속적으로 대화하다 보면 인간관계의 폭이 넓어지게 된다. "안녕하십니까? 지난번 일은 정말 감사했습니다."라는 멘트를 상황에 따라 넣어주면 상대방이 호감을 가진다. 여섯째, 지나치게 정중하면 헛인사가 된다. 인사는 우선 정중한 것이 기본이나 지나치면 무례가 되는 것이다. 일곱째, 인사에도 한계를 짓는 것이 좋다. 언제 어느 상황에서 접객하게 될지 모르기 때문에 평소에 태도, 동작, 말투에 신경쓰고 이에 대한 꾸준한 노력이 필요하다. 그러기 위해서는 항상 자기의 행동에 한계를 갖는다는 평상시의 마음가짐이 중요하다. 여덟째, 의례적이 아닌, 마음이 담겨 있어야 한다. 인사가 습관적으로 되면 고객에게 기계적인 차가운 인상을 주기 때문이다. 아홉째, 인사에 대한 인정은 고객을 얼마나 안심시켰는가에 있다.

아무리 매너 있는 인사라도 고객을 긴장시키거나 불쾌하게 만들면 안 된다. 항상 고객을 받아들이는 자세를 가져야 한다.

3) 세 가지 인사법

인사의 세 가지 방법으로는, 첫째, 가벼운 인사는 선 자세에서 목례 15°의 각도로 인사하는 것을 말한다. 주로 대답할 때, 자주 대할 때, 복도, 실내 등에서 사용한다. T.P.O(Time, Place, Occasion)에 따라 인사를 구분해서 한다. 둘째, 일반적인 인사는 선 자세에서 목례 30°의 각도로 인사하는 것을 말한다. 주로 감사할 때, 대기 요청할 때, 대답할 때 등에 많이 사용한다. 셋째, 정중한 인사는 선 자세에서 목례 45°의

각도로 하는 것을 말한다. 주로 고객을 맞이할 때, 전송할 때, 사과할 때 등에 많이 사용한다.

〈표 1-1〉 인사의 종류

가벼운 인사	일반적인 인사	정중한 인사
선 자세 목례 15°	선 자세 목례 30°	선 자세 목례 45°

〈표 1-2〉 인사 확인 리스트

① 언제나 "안녕하십니까" 하고 고객, 동료에게 밝게 인사합니까?

② 직장에서 "다녀오겠습니다", "다녀왔습니다", "다녀오십시오", "잘 다녀오셨습니까?"라고 명랑하게 인사합니까?

③ 이웃분이나 아는 분과 스쳐지나갈 때 미소 지으며 인사하거나 미소 띤 얼굴을 합니까?

④ 사람 사이를 지나갈 때 "실례하겠습니다"라는 말을 합니까?

⑤ 엘리베이터에서 내릴 때 다른 사람에게 "먼저 내리겠습니다"라고 말합니까?

⑥ 사소한 것이라도 도움을 받았을 때 상대방에게 "감사합니다"라고 곧바로 말할 수 있습니까?

⑦ 고객을 기다리게 했을 경우 "오래 기다리셨습니다"라고 양해를 구하고 있습니까?

⑧ "변명할 말이 없습니다", "죄송합니다"라고 솔직하게 말할 수 있습니까?

⑨ 누군가 불렀을 때 상냥하게 "예" 하고 대답할 수 있습니까?

⑩ "잘 먹겠습니다", "잘 먹었습니다"가 항상 습관화되어 있습니까?

4) 상황에 맞는 인사

상황에 맞는 인사는, 첫째, 상대방이 멀리서 다가올 때 인사말을 먼저 하고 인사한다. 전방 4m가 적당하다. 둘째, 상대방이 먼저 인사했을 때는 반드시 대답한 후에 인사한다. "네! 안녕하셨습니까?" 셋째, 앉아서 인사할 때는 앉은 자세에서 15° 정도로 인사한다. 넷째, 복도, 계단을 지나칠 때는 간단히 예의를 표한 후 적당한 거리에서 눈높이가 맞을 때 인사한다.

나의 예절을 향상시키는 방안은?

2. 서비스맨의 표정

표정은 인간관계에 있어서 인사와 함께 중요한 부분이다. 첫인상은 그 사람에 대한 기억을 오래 가게 하기 때문에 습관적으로 표정을 연출함으로써 인격 수양에도 큰 도움을 받는다.

1) 표정은 마음의 거울

첫째, 표정은 마음을 나타내는 거울이다. 미소가 있는 얼굴은 상대를 편하게 하고 인간관계를 좋게 하며 호감 가는 인상을 줄 수 있고, 또한 자신의 마음을 즐겁게 한다. 둘째, 미소가 있는 얼굴은 좋은 첫인상을 줄 수 있다. 첫인상을 남길 수 있는 기회는 단 한 번이므로 처음 만남을 소중히 해야 한다. 셋째, 사람의 첫인상은 2~3초, 늦어도 6초 안에 결정된다. 한번 결정된 이미지를 바꾸는 데는 많은 시간과 노력이 필요하므로 처음부터 좋은 인상을 주는 것이 필요하다.

넷째, 얼굴 전체의 표정을 부드럽고 온화하게 한다. 밝은 얼굴 표정은 고객에게 편안함을 준다. 갑작스럽게 표정을 바꾸면 고객이 당황한다. 얼굴의 근육을 긴장시키거나 찡그리지 않는다. 긴장된 얼굴은 고객에게 호감을 보이기 힘들다. 또한 억지 표정을 보이면 가식적으로 보인다. 의도적으로 턱을 끌어당기면 고객이 불편하게 느끼므로 자연스럽고 반듯한 자세를 한다. 경우에 맞는 표정이 필요하다. 기쁠 때는 기쁜 표정, 슬플 때는 슬픈 표정이 좋다. 다섯째, 입은 조용히 다물되 힘을 주지 않는다. 입가에 힘을 너무 주면 좋지 않은 인상을 줄 수 있고, 벌리고 있으면 정신이 나간 사람처럼 보인다.

여섯째, 눈은 마음의 창이다. 밝은 생각을 하면 표정도 밝아진다. 눈을 자주 깜빡이거나 안구를 굴리는 습관은 고객을 불안하게 만든다. 상대방을 위아래로 훑어보는 습관은 상대를 불쾌하게 만든다. 눈을 힐끔거리거나 슬쩍 쳐다보거나 흘기거나 곁눈질하는 것은 보기 흉하다. 눈을 곱게 뜨고, 시선을 단정하게 처리한다. 다정하고 진지하고 그윽한 눈빛이 상대를 즐겁게 한다.

〈표 1-3〉 접객언어 인사말의 예

바람직하지 않은 접객언어	바람직한 접객언어
안녕하세요	안녕하십니까
안녕히 계세요	안녕히 계십시오
고마워요	고맙습니다
잠깐만요	잠시만 기다려주시겠습니까
이쪽으로 오세요	이쪽으로 오시겠습니까
갔다 오세요	다녀오십시오
실례해요	실례하겠습니다
늦게 와서 미안해요	오래 기다리셨습니다

일곱째, 아름다운 음성은 밝은 표정에서 나오고 바른 자세는 마음과 밀접한 관계가 있다. 웃는 표정을 만들기 위해 "김치" 소리를 내어 끝에 "이"를 살짝 올려붙이도록 연습해 보도록 한다.

나의 표정을 향상시키는 방안은?

3. 서비스맨의 자세

자세는 어떠한 마음가짐으로 일에 임하는가를 본인도 모르게 외부로 나타나는 것이다. 따라서 보다 좋은 태도와 마음가짐으로 행동해야 한다. 즉 외관으로 보면서 자세가 나쁘다, 태도가 나쁘다라고 말하게 되는 것이다.

1) 서 있는 자세

첫째, 남자는 발뒤꿈치는 붙이고 발끝은 60°로 벌리고, 손은 달걀을 감싸는 듯한 기분으로 살짝 쥐어 아랫배에 갖다 댄다. 표정은 밝게 미소를 짓는다.

둘째, 여성은 발뒤꿈치는 붙이고 발끝은 30°로 벌리고, 손은 오른손을 왼손 위에 겹쳐서 배꼽부위 조금 아래에 살짝 갖다 댄다. 표정은 밝게 미소를 짓는다.

셋째, 손을 모을 때의 요령은

- 손가락을 모아서 가지런히 편다.
- 여자는 오른손을 위로 남자는 왼손을 위로 하여 모은다.
- 엄지손가락은 안 보이도록 한다.

넷째, 호텔 현관 서비스맨은 양쪽 다리를 어깨 넓이로 벌리고 손은 앞이나 옆으로 가볍게 모은다. 영접 시에는 왼쪽 다리를 오른쪽으로 붙이며 15°로 목례한다.

다섯째, 식당에 따라 약간의 차이는 있으나 보편적으로는 남성은 양쪽 다리를 자연스럽게 붙이고 손은 자연스럽게 내린다. 영접 시에는 바른 자세로 15°로 목례한다. 또한 여성은 한쪽 발을 반 보 정도 내밀고 앞발의 발뒤꿈치에 힘을 준다. 손은 자연스럽게 내린다. 영접 시 손은 앞으로 모으고 바른 자세로 15°로 목례한다.

2) 물건을 주고받을 때

첫째, 물건을 줄 때는 상대방이 정면으로 받기 쉽도록 항상 양손으로 주고, 무엇을 주던지 말을 하면서 건넨다. 또한 상대방과 시선을 맞춘다.

둘째, 물건을 받을 때는 양손으로 받으며 잘 받았다는 말과 함께 시선을 맞춘다.

3) 방향 등 안내방법

손끝을 모으고 뻗어 손바닥을 약간 위로 향하게 하여 손바닥 전체로 가리킨다. 첫째, 방향을 가리킨다. 손목은 구부리지 않고, 팔꿈치부터 쭉 편다. 가리키는 방향이 우측이면 오른손, 좌측이면 왼손으로 가리킨다. 팔꿈치의 각도는 목적지까지의 거리감을 나타낸다. 이때 가까운 곳을 가리킬 때는 팔꿈치를 구부리고, 먼 곳을 가리킬 때는 팔꿈치를 편다.

둘째, 상대방에게 "이쪽입니다"라는 말과 함께 안내한다.

셋째, 시선을 함께한다. 〈상대의 눈 → 가리키는 방향 → 상대의 눈〉으로 시선을 이동하여 상대방이 이해했는지를 확인한다.

4) 앉는 법과 서는 법

첫째, 의자에는 깊지도 얕지도 않게 앉는다. 둘째, 고객이 볼 때 바로 일어날 수 있는 자세로 앉는다. 셋째, 상반신은 서 있는 자세와 같은 자세이다. 넷째, 여성은 한쪽 발을 뒤쪽으로 밀면서 한 손으로 치마를 가볍게 잡고 앉을 자리를 살짝 본 후에 앉는다. 무릎과 발뒤꿈치를 떼지 않는다. 양손은 무릎 위에 가볍게 겹쳐 놓는다.

다섯째, 남자는 주먹 한 개가 들어갈 정도로 등받이에 기대지 않고 앉는다. 무릎은 주먹 2개 정도의 넓이로 벌리고 앉는다. 손은 무릎에 둔다. 여섯째, 일어나는 자세는 앉은 자세의 역순으로 하면 된다.

5) 올바른 걸음걸이

첫째, 상체의 자세를 똑바로 한다. 머리는 정면을 향하고 턱은 수평으로 하여 가슴을 활짝 편다. 둘째, 허리를 기준으로 허리부터 나아가도록 한다. 셋째, 체중의 이동을 부드럽게 한다. 발을 내디딘 발끝이 가슴과 수직이 되도록 한다. 넷째, 체중은 발의 엄지발가락 부근에 둔다. 다섯째, 엄지발가락 방향은 직선이 되도록 한다.

〈표 1-4〉 체크포인트 리스트

체크항목	포인트
만나는 순간 시선을 돌려버리는 행위	상대방에게 불안감을 심어줄 수 있다.
노려보는 듯한 시선	눈매가 매섭다는 말을 듣는 사람은 부드럽게 하는 훈련하는 것이 좋다.
야무지지 못하고 탄력성 없는 흐리멍텅한 움직임	걸음걸이나 몸 동작이 야무지지 못하면 그 사람의 알맹이까지 흐리멍텅해 보인다.
빈둥빈둥하고 탄력성이 없는 태도	탄력 있는 태도와 침착한 말투가 좋다.
불안하고 침착하지 못한 말투	
의욕이 없고 부어 있는 표정	자신은 일반적인 얼굴을 하고 있다고 생각하지만 자기도 모르게 골이 나 있는 듯한 표정으로 보이는 경우가 많다. 훈련으로 고칠 수 있다.
턱을 올리고 내려다보는 듯한 시선	자신감 있는 시선을 갖는다.
치떠 보는 눈매	
무릎을 떨거나 불안정한 태도	본인은 버릇이라고 말하지만 주위사람들은 다소 신경이 쓰인다.
다른 곳을 바라보며 무시하는 듯한 행동	말을 던져도 이쪽을 쳐다보려 하지 않는 서비스맨이 있다면 그것만으로 고객의 마음은 떠나버리게 된다.

여섯째, 무릎 굽히는 시간을 짧게 하면 아름답게 보인다. 일곱째, 양팔은 자연스럽고 가볍게 흔든다. 의식적으로 두 팔을 안쪽으로 한다. 여덟째, 아무리 바빠도 관내에서는 뛰지 않는다(화재 등 비상시 제외). 아홉째, 주머니에 손을 넣고 걷지 않는다.

열째, 고객용 공간이나 좁은 공간에서는 가장자리로 걷는다. 열한째, 어쩔 수 없이 앞에 가는 고객을 추월할 때는 "실례합니다"라고 말하고 바른 걸음 걸이로 지나간다. 열두째, 코너를 돌 때 마주 오는 대면자에게 주의 해야 한다. 열셋째, 머리가 상하좌우로 흔들리지 않도록 한다.

6) 서비스맨의 좋은 자세

첫째, 좋은 매너(Manners)와 에티켓(Etiquette)이다. 이 둘은 서비스맨의 동작 하나하나가 에티켓에 충실한 규범이 있는 것이어야 하며, 이러한 태도는 좋은 매너를 수반해야 한다. 에티켓이 대인관계를 원활히 하기 위한 사회적 불문율이라 한다면 매너는 이것의 아름다운 표현이라 할 수 있다.

둘째, 청결(Clean)이다. 서비스의 구성요건에 3C가 있다. 즉 청결(Clean), 안락(Comfortable), 편리(Convenience)가 그것이다. 그중에서 청결은 으뜸이다. 몸가짐뿐만 아니라 호텔에서 여러 서비스의 청결은 매우 중요하다. 따라서 눈에 띄지 않는 부분까지 세심한 주의를 기울여야 한다. 셋째, 건강(Health)이다. 약한 인상은 결코 고객을 즐겁게 할 수 없다. 건강한 사람은 명랑하고 즐거운 서비스를 제공한다. 따라서 육체적 건강 자체가 활력을 생산하는 것이다.

넷째, 유머(Humor)이다. 유머는 대인관계를 원활히 하는 윤활유와 같은 역할을 한다. 그러나 유머는 위트(Wit)를 수반해야 한다. 교양과 지적 수준을 겸비한 적절한 위트는 자신을 한결 돋보이게 하고, 서비스맨의 안정감을 높여준다. 다섯째, 성실과 진실(Sincerity)이다. 서비스가 인격 대 인격과의 접촉에서 정감을 느낀다는 생각을 할 때 성실과 진실이 결여된 서비스의 제공은 정감은 물론 신뢰감을 느끼게 할 수 없음이 분명하다.

여섯째, 상냥한 태도(Attitude)이다. 상냥한 미소와 말씨, 행동은 손님을 한층 즐겁게 하고 서비스효과를 증대시킨다. 특히 여성 서비스맨에게는 여성미가 바로 상냥한 태도에서 시작된다고 볼 수 있다. 상냥함은 자연스러움과 통한다. 일곱째, 온정을 느끼는 사람(Smartness)이 되어야 한다. 온정은 서비스업에서는 필수적인 것이다. 냉혈적인 인상은 고객의 접근을 힘들게 한다. 자기 수양을 통하여 온정이 느껴지도록 노력하는 것이 필요하고 가능하다.

여덟째, 책임감(Responsibility)이다. 호텔 서비스는 개별적이며, 전체에서 조화를 찾게 마련이다. 개별적인 서비스의 완성에서 전체 서비스의 화합이 완성된다. 아홉째, 합리적 생활태도(Life attitude)이다. 서양인의 경우 대체로 모든 사고방식이 합리적이며 이치에 맞지 않은 것은 이해하지 못한다. 편의주의적인 생활태도는 합리성이 결여되어, 서비스맨의 요건에 부합되지 않는다.

나의 자세를 향상시키는 방안은?

4. 의사소통능력 사전평가 체크리스트

직업인에게 일반적으로 요구되는 의사소통능력 수준을 스스로 알아볼 수 있는 체크리스트이다. 본인의 평소 행동을 잘 생각해 보고, 행동과 일치하는 것에 체크해 보자.

〈표 1-5〉 의사소통능력 사전평가 체크리스트

문항	그렇지 않은 편이다	보통인 편이다	그런 편이다
1. 나는 의사소통능력의 종류를 설명할 수 있다.	1	2	3
2. 나는 의사소통능력의 중요성을 설명할 수 있다.	1	2	3
3. 나는 의사소통능력의 저해요인에 대하여 설명할 수 있다.	1	2	3
4. 나는 효과적인 의사소통개발 방법을 설명할 수 있다.	1	2	3
5. 나는 문서이해의 개념 및 특성에 대하여 설명할 수 있다.	1	2	3
6. 나는 문서이해의 중요성에 대하여 설명할 수 있다.	1	2	3
7. 나는 문서이해의 구체적인 절차와 원리를 설명할 수 있다.	1	2	3
8. 나는 문서를 통한 정보 획득 및 종합 방법을 설명할 수 있다.	1	2	3
9. 나는 체계적인 문서작성의 개념 및 중요성을 설명할 수 있다.	1	2	3
10. 나는 목적과 상황에 맞는 문서의 종류와 유형을 설명할 수 있다.	1	2	3
11. 나는 문서작성의 구체적인 절차와 원리를 설명할 수 있다.	1	2	3
12. 나는 문서작성에서 효과적인 시각적 표현과 연출방법을 안다.	1	2	3
13. 나는 경청의 개념 및 중요성을 설명할 수 있다.	1	2	3
14. 나는 경청을 통해 상대방 의견의 핵심내용을 파악할 수 있다.	1	2	3
15. 나는 올바른 경청을 방해하는 요인들과 고쳐야 할 습관을 알고 있다.	1	2	3
16. 나는 대상과 상황에 따른 경청방법을 설명할 수 있다.	1	2	3
17. 나는 정확한 의사표현의 중요성을 설명할 수 있다.	1	2	3
18. 나는 원활한 의사표현의 방해요인을 알고, 관리할 수 있다.	1	2	3
19. 나는 논리적이고 설득력 있는 의사표현의 기본요소 및 특성을 안다.	1	2	3
20. 나는 기초외국어능력의 개념 및 중요성과 필요성을 설명할 수 있다.	1	2	3
21. 나는 비언어적 기초외국어 의사표현에 대해 설명할 수 있다.	1	2	3
22. 나는 기초외국어능력 향상을 위한 교육방법을 설명할 수 있다.	1	2	3

출처 : 한국산업인력공단

1) 의사소통능력 사전평가방법

체크리스트의 문항별로 자신이 체크한 결과를 아래 표를 이용하여 해당하는 개수를 적어보자.

〈표 1-6〉 사전평가방법

문항	수준	개수	학습모듈
1~4	그렇지 않은 편이다.	( )개	A-1 의사소통능력
	그저 그렇다.	( )개	
	그런 편이다.	( )개	
5~8	그렇지 않은 편이다.	( )개	A-2-가 문서이해능력
	그저 그렇다.	( )개	
	그런 편이다.	( )개	
9~12	그렇지 않은 편이다.	( )개	A-2-나 문서작성능력
	그저 그렇다.	( )개	
	그런 편이다.	( )개	
13~16	그렇지 않은 편이다.	( )개	A-2-다 경청능력
	그저 그렇다.	( )개	
	그런 편이다.	( )개	
17~19	그렇지 않은 편이다.	( )개	A-2-라 의사표현능력
	그저 그렇다.	( )개	
	그런 편이다.	( )개	
20~22	그렇지 않은 편이다.	( )개	A-2-마 기초외국어능력
	그저 그렇다.	( )개	
	그런 편이다.	( )개	

출처 : 한국산업인력공단

2) 평가 결과

진단방법에 따라 자신의 수준을 진단한 후, 한 문항이라도 '그렇지 않은 편이다'가 나오면 그 부분이 부족한 것이기 때문에, 관련 내용을 학습해야 한다.

서비스맨의 이미지스킬 2

제1절 | 서비스맨의 이미지스킬

1. 서비스맨의 이미지

사람들과 대화하다 보면 상대방에 대한 상이 떠오른다. 즉 이미지가 나타난다. 이미지는 사람의 겉모습을 치장하는 것으로 생각하면 어려워진다. 물론 사람들의 이미지에는 메이크업, 헤어스타일, 의상 등 외적인 면이 상당 부분을 차지하지만, 그 외적인 부분인 표정, 음성, 말씨, 태도, 매너 등이 총체적으로 포함된 이미지로 표현되는 것을 의미한다.

1) 환대산업 서비스맨의 이미지

세상에 직업은 너무 많다. 배우들은 그에 맞는 역할에 충실하기 위하여 그 배역에 맞는 성격, 옷차림, 외모, 태도 등을 지녀야 할 것이다. 그러므로 서비스맨은 그에 맞는 이미지가 매우 중요하다. 서비스맨은 항상 고객들에게 나의 모습을 보여주어야 한다. 서비스맨에게는 밝고 적극적이며 활기차면서 친근감을 가진 이미지가 공통적으로 요구된다.

서비스를 제공하고자 하는 정성이 고객에게 전달되어야 하는 것이다. 그러므로 더욱 신뢰를 줄 수 있는 직업인으로서 외향뿐만 아니라 세련된 매너, 진실된 서비스 마인드 등 내적인 요소와 조합이 이루어졌을 때 서비스맨이 원하는 성공적인 모습과 이미지가 완성되는 것이다.

2) 서비스맨의 이미지메이킹

고객서비스에서 중요한 서비스맨의 이미지메이킹은 고객을 위해 웃고, 친절을 베푸는 것이 아니고 나 자신을 위해 미소를 띠고, 몸가짐을 다시 익히는 훈련이라고 할 수 있다.

서비스맨 스스로가 자기 만족을 이루어야만 살아 있는 고객만족이 이루어질 수 있다. 자신을 만족시키지 못하면 절대 고객을 만족시킬 수 없기 때문이다.

3) 이미지메이킹 방법

서비스맨의 이미지메이킹 과정은 우선 나에게 필요한 이미지 개념을 세우고, 내가 가지고 있는 이미지를 분석하고 진단하여 호감도를 높이고, 서비스 직업과 개성에 맞는 가장 바람직한 이미지를 만들어내는 것이다.

즉 자기 표현기법을 체득하여 성공적인 자기실현과 삶의 질을 높이기 위한 자기 변화 과정이라고 할 수 있다.

나의 이미지 향상방안은?

2. 언어를 통한 이미지메이킹

언어를 통해 좋은 기를 전달하는 사람은 대체적으로 공손하고 예의바른 몸가짐으로 바른 언어를 사용한다. 대화할 때 공손하고 예의바른 몸가짐이란 자기중심적인 사고에서 벗어나 타인을 배려하고 상대의 입장에서 생각하는 것까지 포함한다.

1) 발성·발음의 중요성

음성은 천성적인 것으로 사람마다 독특한 목소리를 가지고 있다. 쉰 소리가 섞인 허스키한 음성이나 보통 사람보다 높은 톤의 목소리를 자신의 단점으로 인식하는 사람은 타인과의 대화를 기피하거나 인간관계에서 어려움을 겪을 수도 있다.

하지만 본인만의 개성으로 얼마든지 다른 사람에게 호감을 줄 수 있다. 발성하기 위해서는 호흡이 중요하며, '아, 이, 우, 에, 오' 순으로 발성 연습을 해서 단어를 명확하게 발음하도록 한다.

2) 첫인상의 중요성

누구라도 다른 사람에게 호감을 얻고 싶어하며 자신이 일하는 분야에서 성공하기를 원한다. 상대에게 좋은 이미지를 심어주기 위해서는 무엇보다 첫인상이 중요하다. 또한, 첫인상이 중요한 이유는 한 번 잘못 비쳐지면 상대방의 기억 속에 오랫동안 각인되어 회복이 어렵기 때문이다.

고객응대 담당자는 서비스 직업 현장에서 처음 만나는 사람으로 고객응대 서비스맨의 이미지가 곧 회사의 브랜드 이미지와 연결된다. 카밀 래빙턴(Camille Lavington)은 일찍이 저서 『첫인상 3초 혁명』에서 3초 안에 이미지가 결정된다고 하였다.

경영학의 권위자 메긴슨(L.C. Megginson)은 첫 만남, 즉 첫인상에서 호감을 주면 심리적 계약이 발전하여 신뢰가 형성되고 영향력이 커지지만 거부감을 주면 계약관계가 정지된다고 했다. 캘리포니아대학교 심리학과 앨버트 메라비안(Albert Mehrabian) 교수는 인간은 일상적인 의사소통에서 55%의 시각적 정보와 38%의 청각적 언어,

그리고 7%의 언어적 요소로 첫인상을 형성한다고 발표했다.

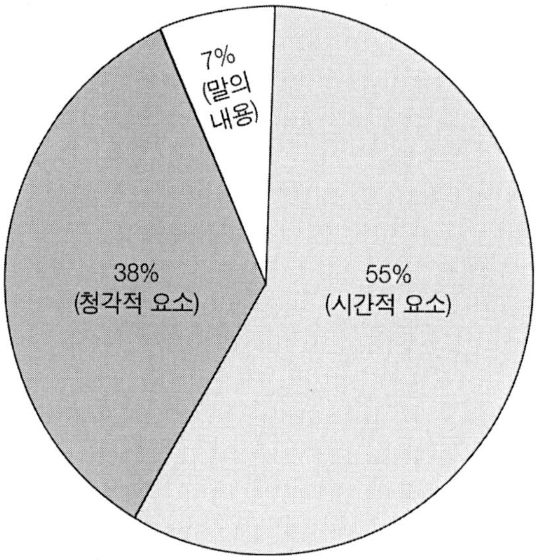

출처 : 서여주(2019)

〈그림 2-1〉 메라비안 효과

　미소가 있는 얼굴은 상대에게 좋은 첫인상을 줄 수 있다. 첫인상을 남길 수 있는 기회는 한번이므로 첫 만남을 소중히 해야 한다. 이렇게 한번 결정된 이미지를 바꾸는 데는 많은 시간과 노력이 필요하므로 처음에 좋은 인상을 주도록 노력하는 것이 필요하다.

3) 아름다운 목소리

　음성관련 연구자들은 아름다운 목소리의 사용과 관련해서 다음과 같은 사항을 추천하고 있다. 첫째, 심신 상태가 안정을 취하며 확실히 그리고 천천히 이야기할 것 둘째, 상대방이 듣기 쉬운 거리와 장소에서 이야기할 것 셋째, 가급적 편안한 목소리로 이야기하거나 노래할 것 넷째, 넓고 시끄러운 곳에서 이야기할 때는 무리하게 소리치지 말고 되도록 마이크를 사용할 것 다섯째, 너무 오랜 시간 이야기하지 말 것 여섯째, 긍정적으로 사고하고 목에 너무 무리를 주지 말 것

CHAPTER >>>

서비스맨의 태도스킬

3

제1절 | 서비스맨의 태도스킬

1. 태도의 의미

태도(Attitude)는 사람, 사물, 사건 등에 대해 호의적이거나 비호의적인 평가적 진술을 의미하며, 또한 태도는 가치와 같은 개념은 아니지만 상호관계를 갖고 있다. 인지적·정서적·행위적이라는 태도의 3가지 구성요소를 통해 가치와 태도 간의 상호관계를 살펴볼 수 있다.

태도가 인지적·정서적·행위적이라는 세 가지 요소로 구성되었다고 보는 것은 태도의 복잡성을 이해하고 태도와 행동 사이의 잠재적 관계를 해석하는 데 유용하다. 또한 가치와 달리 태도는 덜 안정적이라는 점에 유의해야 한다. 즉 태도는 가치관보다 바뀌기 쉽다.

1) 인지적 요소(cognitive component)

태도의 의견 또는 신념 부분으로, '차별은 옳지 않다'라는 신념은 가치의 진술에 해당하는데, 이러한 의견이 태도의 인지적 요소이다.

2) 정서적 요소(affective component)

태도의 감정 또는 느낌 부분으로, 평가적인 요소가 가미된 부분을 태도의 정서적 요소라고 한다. 감정이란 태도의 느낌이나 정서적인 부분으로서 가령, '브라운이 소수 집단을 차별해서 나는 그를 좋아하지 않는다'라는 진술은 감정을 말해주는 것이다.

3) 행위적 요소(behavioral component)

누군가 또는 뭔가에 대해 특정 방식으로 행동하려는 의도로, 즉 어떤 사람을 좋아하지 않는다는 감정 때문에 나는 그를 혹은 그녀를 피하려는 행동을 취한다는 것이다.

〈그림 3-1〉 태도의 3요소

2. 태도의 중요성

인간이 취할 수 있는 태도는 셀 수 없을 정도로 많지만, 직무와 관련된 매우 한정적인 태도는 종업원들이 그들의 직무환경에 대해 가지고 있는 긍정적이거나 부정적인 평가에 초점이 맞춰진다.

1) 직무만족(job satisfaction)

직무만족(job satisfaction)이란 개인의 직무에 대한 호의적인 태도를 말한다. 직무만족 수준이 높은 사람은 자신의 직무에 대해서 긍정적인 태도를 가지며, 이와 반대로 직무만족 수준이 낮은 사람은 직무에 대해 부정적인 태도를 갖는다.

2) 직무몰입(job involvement)

직무몰입(job involvement)은 심리적으로 자신을 직무와 동일시하고 자신의 성과를 중요하다고 여기는 정도로 정의할 수 있다. 의사소통에서도 태도는 의사소통의 질에 영향을 준다. 사건을 대하는 태도와 상대방에 대한 태도가 어떠냐는 것은 긍정 혹은 부정적인 대화가 이어지기 때문이다. 하지만 부정적인 태도를 통한 의사소통은 부정적인 감정을 전달하게 되므로 서로에게 상처를 줄 수 있다.

3) 태도의 일관성

사람들은 태도에 있어서 일관성을 추구하며, 또한 태도와 행동 사이에서도 일관성을 추구한다는 연구 결과가 일반적이다. 합리적이고 언행이 일치하는 사람으로 보이기 위해 인간은 서로 다른 태도를 조화시키고, 그들의 태도와 행동 또한 조화시키려 노력한다는 의미이다.

〈표 3-1〉 바른 태도 환영 · 환송 인사 자세

영업 전	예약 명부 체크
고객 입장	환영인사 ▼
	예약확인 ▼
	좌석안내 ▼
	고객서비스(식음료 등) ▼
	계산하기 ▼
고객 퇴장	환송인사 ▼

출처 : 교육부(2019)

3. 자존감의 영향

자존감은 행복감에 영향을 주는 요인으로 경쟁사회로 인한 이기주의, 개인주의가 성행하게 됨으로써 행복에 대한 관심과 더불어 자존감에 대한 관심이 높아지고 있다. 심리학에서 자존감은 자신에 대한 전반적인 평가 혹은 자신에 대한 긍정적 평가와 관련되는 것으로 자기존경의 정도와 자신을 가치있는 사람으로 생각하는 정도를 의미한다. 이처럼 자존감은 대인관계 및 자신이 하는 일과 자신의 삶의 전반적인 부분에 심리적 영향을 미치게 됨으로써 자신의 행복에도 영향을 미치게 된다.

1) 자기 자신을 사랑하기

사람들은 모든 면에서 장점과 단점이 있다. 여기에서 자존감이 높은 사람은 자신의 단점도 인정하면서 장점에 대하여 스스로 칭찬하며 자랑스러워한다. 자기를 사랑함으로써 자신을 더욱 성장시키며 행복한 삶을 만들어 나가야 한다.

2) 목표 달성하기

자기가 세운 목표를 성공시키면 자신감을 갖게 된다. 이렇게 과거에 성공한 경험을 생각해 보자. 앞으로 해야 할 일에 목표를 세워서 실천하는 노력을 하면 더 큰 자신감으로 성장하게 될 것이다. 자신에 대한 긍정적인 마인드로 목표를 달성하는 사람이 되자.

3) 표현 잘하기

자신의 감정과 의견을 표현하지 않다 보면 자기가 자기를 무시하는 결과가 될 것이다. 그러니 어떤 감정인지를 잘 파악하여 이를 잘 전달할 수 있어야 한다.

4) 미래상 만들기

자기 자신의 미래를 상상해 보자. 현재는 어떤 일을 하고 있지만, 그 과정에 하고 싶은 일 또는 미래의 모습을 긍정적인 마인드로 상상해서 실천에 옮긴다면 의욕 넘치는 하루하루가 이어질 것이다.

4. 의사소통능력 분석 리스트

평소에 업무능력은 탁월하지만 타인과의 의사소통능력이 부족한 이 과장의 의사소통 스타일을 분석하고, 키슬러 대인관계 의사소통 양식지를 체크하여 알아보기로 한다.

〈표 3-2〉 대인관계 의사소통 스타일 체크리스트

전혀 그렇지 않다	약간 그렇다	상당히 그렇다	매우 그렇다
1	2	3	4

문항		1	2	3	4	문항		1	2	3	4
1	자신감이 있다					21	온순하다				
2	꾀가 많다					22	단순하다				
3	강인하다					23	관대하다				
4	쾌활하지 않다					24	열성적이다				
5	마음이 약하다					25	지배적이다				
6	다툼을 피한다					26	치밀하다				
7	인정이 많다					27	무뚝뚝하다				
8	명랑하다					28	고립되어 있다				
9	추진력이 있다					29	조심성이 많다				
10	자기 자랑을 잘한다					30	겸손하다				
11	냉철하다					31	부드럽다				
12	붙임성이 없다					32	사교적이다				
13	수줍음이 있다					33	자기주장이 강하다				
14	고분고분하다					34	계산적이다				
15	다정다감하다					35	따뜻함이 부족하다				
16	붙임성이 있다					36	재치가 부족하다				
17	고집이 세다					37	추진력이 부족하다				
18	자존심이 강하다					38	솔직하다				
19	독하다					39	친절하다				
20	비사교적이다					40	활달하다				

출처 : 한국산업인력공단

1) 체크리스트 채점과 해석

체크리스트 각 유형별 문항에 대한 응답을 아래의 칸에 합산하세요. 그리고 아래 그림에 자신의 점수를 0표로 표시하고 점수들을 연결하여 팔각형을 그리세요. 팔각형의 모양이 중심으로부터 특정 빙향으로 기울어진 형태일수록 그 방향의 대인관계 의사소통 양식이 강한 것으로 해석됩니다.

- 지배형(1, 9, 17, 25, 33) ___
- 실리형(2, 10, 18, 26, 34) ___
- 냉담형(3, 11, 19, 27, 35) ___
- 고립형(4, 12, 20, 28, 36) ___
- 복종형(5, 13, 21, 29, 37) ___
- 순박형(6, 14, 22, 30, 38) ___
- 친화형(7, 15, 23, 31, 39) ___
- 사교형(8, 16, 24, 32, 40) ___

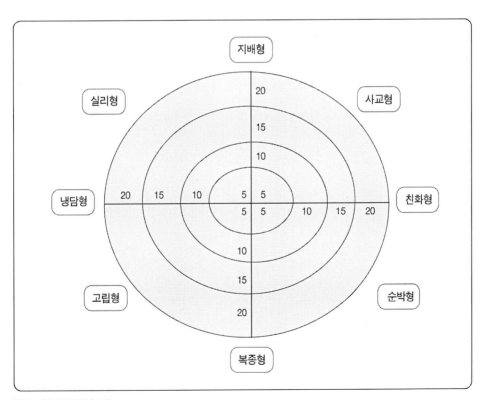

출처 : 한국산업인력공단

〈그림 3-2〉 키슬러 양식에 의한 나의 대인관계 의사소통양식

5. 전화응대

의사소통에서 전화응대는 보이지 않는 고객과 목소리만으로 소통하는 것이므로 더욱 중요하다. 한 사람의 전화응대가 그 기업의 품격과 명성을 느낄 정도로 교양미 넘치는 말로써 친절하다는 평을 받도록 최선을 다해야 한다.

1) 전화응대의 중요성

전화응대의 중요성은 첫째, 전화는 업무의 기본이고, 전화는 고객접점의 제1선이며, 전화 한 통은 회사의 이미지를 결정한다. 둘째, 전화응대 8대 행동 강령으로, 벨소리 2번 이내 받기, 먼저 소속과 이름을 밝히기, 말씨는 항상 친절하게, 상대방 말을 경청하기, 최대한 성실하게 답변하기, 끝 인사말 하기 "감사합니다", 상대가 끊은 후 수화기 놓기, 전화 기능 숙지하기 등이 있다.

셋째, 전화응대의 특성으로는, 얼굴 없는 만남이고, 의지할 것은 음성뿐이며, 음성으로 나의 모든 것이 고객에게 전달되고, 예고 없이 찾아오는 방문객이며, 고객 접점이 제1선이며 회사의 이미지이고, 유료이다. 넷째, 전화통화 시 고객은 신속을 원하고, 정확을 원하며, 친절을 원한다.

다섯째, 어떠한 경우에도 입에 담으면 안 될 말은 다음과 같다.

- 기다리세요.
- 모릅니다.
- 할 수 없습니다.
- 없습니다.
- 뭐라고요?

여섯째, 전화는 벨이 두 번 울리면 받고, 왼손으로 전화를 받으며, 메모지와 연필을 준비해서 소속과 이름을 밝힌 뒤 "감사합니다. ○○호텔 홍○○입니다." 상대를 확인한 뒤 "죄송합니다만 어느 분 되십니까?" 인사를 하며, "저희 호텔을 찾아주셔서 감사합니다." 용건을 물어보고, 들은 내용을 메모하며, "네" 또는 "잘 알겠습니다." 복창을 하고, 5W1H로 의문점을 확인하며, "확인해 보겠습니다. 반복해 보겠습

니다."라고 하며, "전화 주셔서 감사합니다." 하고 마지막 인사를 하고 상대가 끊는
걸 확인한 뒤 조용히 끊는다.

일곱째, 전화를 걸 때는 항상 T.P.O를 생각한다. 상대방을 생각하고, 전화 걸 준
비를 하며, 상대의 전화번호, 소속, 이름을 확인하고, 용건의 요점을 메모하며
(5W1H), 필요 서류를 준비하고, 번호를 정확히 누른 뒤 차분하게 진행한다. 자신을
밝힌 후 상대방을 확인하고, "안녕하십니까, ○○호텔에 홍○○입니다. 실례합니다
만 이○○씨 부탁합니다." 하고 상냥하게 인사하며, 용건을 요령 있게 말한다. 전화
걸기 전 말할 내용을 간단히 메모해 정리해 두고, 확인, 약속 사항을 확인해 보며,
"실례 많았습니다. 감사합니다. 고맙습니다."라고 정중하게 인사한 후 조용히 끊는다.

여덟째, 전화를 연결할 때는 전화받을 사람을 확인하고, 동명이인이 있을 때는
담당부서, 성명으로 확인하며, 송화구를 막은 다음 전화받을 사람에게 이야기한다.
상대가 전화를 즉시 받을 수 없는 경우 상황을 수시로 알려주며, 전화를 돌려줄
때는 전화받을 사람의 신상을 알려준다.

2) 전화 통화 시 공통예절

전화 통화 시 공통예절로는, 첫째, 전화기를 깨끗하고 청결하게 취급하며 둘째,
전화기는 사용하기 편리한 곳에 설치하고 셋째, 전화기 옆에 필기구와 메모용지를
준비해 두며 넷째, 송수화기를 놓을 때는 반드시 '후크'가 눌리도록 한다. 다섯째,
전화기의 코드 선이 꼬이지 않도록 반듯하게 놓으며 여섯째, 송수화기를 난폭하게
다루지 않고 일곱째, 전화기는 바른 자세로 사용한다.

3) 통화 시 유의사항

전화 통화 시 유의사항으로는, 첫째, 번호를 사전에 확인해서 다른 고객에게 실
수하지 말아야 하고 둘째, 고객에게 언제가 좋은지를 판단하여 전화하며 셋째, 옆
에서 전화할 때는 방해하지 말아야 하며 넷째, 전화 메시지는 본인에게 직접 전달
해야 한다. 다섯째, 너무 오랫동안 기다리지 않게 해야 하며(사전안내) 여섯째, 전
화로 대화 시 상대방의 말을 가로막지 말아야 하고 일곱째, 불필요한 용어는 사용

하지 않고 여덟째, 송화구와 입의 거리는 5~6cm가 적당하며 아홉째, 실수가 있었으면 반드시 사과를 한다.

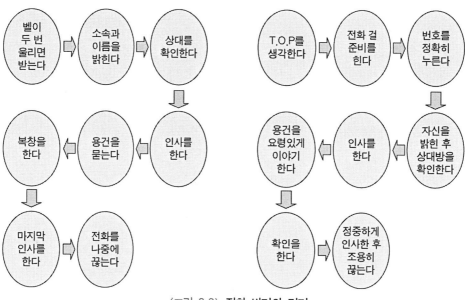

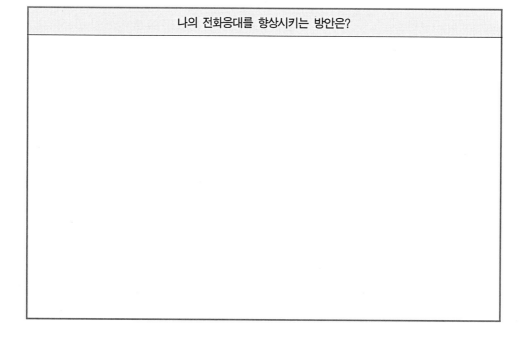

〈그림 3-3〉 전화 받기와 걸기

나의 전화응대를 향상시키는 방안은?

6. 의사소통 시의 언어 사용

환대산업에서 사용하는 언어에 따라 그 사람에 대한 평가와 호텔에 대한 평가가 달라진다는 것을 잊어서는 안 된다. 고객과 대화를 나눌 때 혹은 동료들과 대화를 나눌 때도 기본을 중시해야 한다.

〈표 3-3〉 바른 경어의 예

바람직하지 않은 접객언어	바람직한 접객언어
무슨 일입니까?	(어서 오십시오) 무슨 용건이십니까?
누구를 부를까요?	어느 사람을 부르면 되겠습니까?
당신은 어느 회사 사람이오?	고객님께서는 어느 회사에서 오셨습니까?
다른 사람도 괜찮다면 용건을 말해주시오.	다른 사람도 상관없으시다면 용건을 말씀해 주시겠습니까?
30분 후에 돌아오니까 기다려주시오.	(정말 죄송합니다) 30분 정도 있으면 돌아오니까 기다려주시겠습니까?
나중에 전화하겠습니다. 전화번호를 알려주시오.	나중에 전화를 드리겠습니다. 죄송합니다만 그쪽의 전화번호를 알려주시겠습니까?
지금 없습니다. 곧 연락해서 그쪽으로 보내겠습니다.	대단히 죄송합니다만, 지금 자리를 비웠습니다. 급히 연락을 취해서 찾아뵙도록 하겠습니다.
이쪽으로 와서 주소를 써주시오.	죄송합니다만, 이쪽으로 오셔서 주소를 써주시면 어떠시겠습니까?
이전에 이쪽으로 온 것이 언제지요.	이전에 이쪽으로 오셨던 것이 언제쯤입니까?
저쪽 창구로 가보시오.	죄송합니다만, 저쪽에 있는 데스크에 가셔서 물어보시겠습니까?
지금 담당자를 바꿔줄 테니 기다리시오.	지금 담당자를 바꿔드리겠습니다. 죄송합니다만, 잠시 기다려주십시오.
그렇습니까? 난 그런 줄 몰랐습니다.	그렇습니까? 정말 죄송합니다. 저는 전혀 모르고 있었습니다.

⟨표 3-4⟩ 바른 겸양어 사용

보통말씨	존댓말	겸양어
말한다	말씀하십니다	말합니다
있다	계십니다	있습니다
한다	하십니다	합니다
간다	가십니다	갑니다
온다	오십니다	옵니다
만난다	만나십니다	만납니다
듣는다	들으십니다	듣습니다
먹는다	잡수십니다	먹습니다
알고 있다	알고 계십니다	알고 있습니다

⟨표 3-5⟩ 바른 호칭의 예

상황	올바른 호칭의 표준안
남자직원이 동료 남자직원을 부를 때	• ○형으로 부를 수 있다. • 여직원이 남자직원을 ○형이라고 부를 수 없다.
여직원이 여직원을 부를 때	• 언니나 ○○언니라고 할 수 있다. • 그러나 ○언니, 미스○언니처럼 부르는 것은 좋지 않다.
직함이 없는 선배 또는 나이가 많은 동료 직원	• 꼭 님을 붙여 선배님, 선생님 또는 ○선생님, ○○○선배님 하고 부른다.
나이 지긋한 기혼의 여자직원	• ○여사 또는 ○○○여사라고 부른다.
부장이나 과장이 한자리에 있을 때 구분해야 할 때	• 총무부장님 또는 ○○○부장님처럼 이름이나 소속에 직함을 넣어 부른다.
상사가 직함이 없는 아랫사람을 부를 때	• ○○○씨를 쓴다.
아랫사람이라도 나이가 많은 경우	• ○선생(님) ○○○선생(님)으로 부른다.
나이 차이가 많이 나는 어린 직원일 때	• ○군, ○양으로 부를 수 있다.
직장에서 윗사람을 그보다 윗사람에게 지칭하는 경우	• 높여서 말하지 않는다.

〈표 3-6〉 **직장 내에서의 경어 사용법**

구분	상황	존대어
직장에서	동료에 관해서 말할 때	관계없이 -시-를 넣지 않는다.
	과장이 아랫사람에게	홍길동씨, 김과장 어디 갔어요?라고 말한다.
	나이 많은 동료를 다른 동료나 아랫사람에게	(과장이) 홍길동씨, 김과장 어디 가셨어요?라고 말한다. -사-를 넣는다. 윗사람에게는 -사-를 넣지 않는다.
	윗사람에 관해서 말할 때	누구든 -사-를 넣어 말한다. 즉 사장님, 김과장님 어디 가셨습니까?
거래처 사람	회사 평사원이 거래처 사람에게 말할 때	우체국에 갔습니다. 처럼 -사-를 넣지 않는다.
	직급 있는 사람이 같은 직급이나 아랫사람에게 말할 때	(부장이) 김과장 우체국에 가셨습니다. 처럼 -사-를 넣지만, 자기 직급 이상의 사람에게 말할 때는 김과장 우체국에 갔습니다. 처럼 -사-를 넣지 않는다.
	자기보다 직급이 높은 사람을 다른 회사 사람에게 말할 때	상대방의 직급에 관계없이 김과장님 우체국에 가셨습니다. 처럼 -사-를 넣어 말한다.

1) 고객에게 상급자의 호칭

의사소통 시, 첫째, 고객에게 상사를 호칭할 때 상사의 직책이나 이름에 '님'자를 붙이지 않는다. 둘째, 전화할 때에도 상대방의 신분이 분명하지 않을 때는 일단 고객으로 보아 상사의 직책이나 이름에 '님'자를 붙이지 않는다. 셋째, 단, 상대(고객)의 신분이 분명하여 호칭되는 상사와의 공식적, 비공식적 관계가 손아랫사람이라는 것이 분명할 경우에는 '님'자를 붙인다.

2) 대화의 예의

의사소통 시, 첫째, 대화는 가능한 표준어를 쓰는 것이 원칙이다. 둘째, 대화 중에 혼자만 말을 하며 상대에게 말할 기회를 주지 않는 것은 예의에 어긋난다. 셋째, 남의 말이 끝나기 전에 중간에 끼어드는 것은 삼가야 한다. 끝까지 듣는 수양이 필요하다. 넷째, 말끝마다 알아들었어요?라고 하는 확인인지 강요는 듣는 편에서는 매우 괴로우니 삼간다. 다섯째, 대화 중에 남의 옷을 만지작거리는 습관은 고쳐야 한다. 여섯째, 대화 중에 맞장구를 치는 것은 좋으나 법석을 떨며 남의 무릎을 치는 것은 좋지 않다.

일곱째, 적당한 목소리로 분명하게 발음해야 한다. 여덟째, 경험담도 상대방이 공감을 느낄 만한 내용이나 흥미있어 하는 것은 좋지만 관심 없어 하면 중지한다.

3) 접객화법

의사소통 시, 첫째, 명령형을 피하고 의뢰형을 사용한다.

예를 들면, 죄송합니다만 길을 비켜주십시오 ∼ 명령형

　　　　　　 죄송합니다만 길을 비켜주시지 않으시겠습니까? ∼ 의뢰형

둘째, 부정형을 피하고 긍정형을 사용한다.

예를 들면, 그렇지 않습니다 - 부정형

　　　　　　 그렇습니다 - 긍정형

셋째, 절할 때는 의뢰형을 사용한다.

예를 들면, 요금을 할인해 주실 수는 없을까요? ∼ 의뢰형

넷째, 고객의 반응을 보면서 응대한다.

다섯째, 마이너스ㆍ플러스법을 사용한다.

예를 들면, 조금 비싸기는 하지만 아주 질깁니다. ∼ 마이너스ㆍ플러스형

여섯째, 경어를 사용한다.

일곱째, 말을 줄여서 하지 않는다.

예를 들면, 잠깐만요 → 잠깐만 기다려주시겠습니까?

4) 자주 쓰는 접객용어

의사소통 시, 첫째, 안녕하십니까? 둘째, 어서 오십시오. 셋째, 이쪽으로 오십시오. 넷째, 죄송합니다. 다섯째, 잠깐만 기다려주십시오. 여섯째, 기다리게 해서 죄송합니다. 일곱째, 대단히 감사합니다. 여덟째, 또 오십시오.

5) 언어사용 시 주의사항

의사소통 시, 첫째, 고객이 흥미를 가질 수 있는 화제로 빨리 바꾸어야 한다. 둘째, 적절한 표정과 미소로 대화에 응하도록 한다. 셋째, 상황에 따라 화제를 바꾸어 고객의 입장을 존중해 준다. 넷째, 자신의 실수를 솔직히 시정하고, 변명은 피한다. 다섯째, 고객의 말을 가로채지 말고 경청한다. 여섯째, 대화가 길어지면 적당한 시기에 "실례합니다." 등의 표현을 하고 자리를 떠난다.

7. 용모와 복장

사회생활을 할 때는 용모·복장에 신경을 써야 한다. 우선, 몸가짐은 예의범절의 기본이며 상대에 대한 본인의 첫인상이므로 그에 따른 타인의 신뢰와 일의 성과를 좌우하고, 본인에게도 상쾌한 기분으로 업무에 임하게 함으로써 직장의 분위기를 명랑하게 한다.

그러므로 몸가짐은 언제나 청결하고 단정하면서도 품위가 있고 용모와 복장 등이 전체적으로 조화를 이루어야 한다.

1) 용모·복장의 3가지 포인트

용모·복장의 3가지 포인트는 첫째, 청결이 가장 중요하고 둘째, 품위는 T.P.O에 따라 다르다(Time, Place, Occasion). 셋째, 착용은 명품 시계나 반지를 끼고 있으면 고객은 불편하다(화려하지 않을 것. 유니폼: 상대방 위주로 자기를 다듬는 것).

〈표 3-7〉 용모 · 복장 체크리스트(여성사원: 기업에 따라 차이가 있을 수 있음)

항목	체크포인트
1. 머리	• 어깨에 닿는 길이는 묶고 있는가?
	• 앞머리는 눈썹에 닿지 않는가?
	• 머리색은 자연색인가?
	• 일하기 좋은 머리인가?
	• 고무줄, 리본, 머리띠, 핀은 검정, 감색, 고동색을 사용하고 있는가?
2. 화장	• 내추럴한 화장을 하고 있는가?
	• 마스카라, 아이라인을 하는 경우는 엷게 하나?
	• 볼터치는 엷은가?
	• 립스틱은 핑크, 오렌지, 빨강 계열로 하는가?
3. 유니폼	• 단추는 확실히 달려 있는가?
	• 틀어짐, 얼룩, 주름은 없는가?
	• 어깨에 비듬은 떨어져 있지 않은가?
	• 주머니에 물건을 많이 넣지는 않았는가?
4. 손	• 손톱은 항상 청결하고, 길지 않게 자르는가?
	• 매니큐어를 바르는 경우 투명한 색이나 엷은 핑크인가? (식당에 따라 다르다)
	• 매니큐어가 벗겨지지는 않았는가?
5. 장신구	• 결혼반지 이외의 액세서리를 착용하지 않았는가?
6. 양말	• 스타킹 색은 각 업장의 규정에 맞는 색을 선택했는가?
7. 구두	• 지정된 구두를 착용하고 있는가?
	• 잘 닦여 있는가?
	• 뒤축은 닳지 않았는가?
	• 발 사이즈에 잘 맞는 신발을 신고 있는가?
8. 시계	• 지나치게 화려하고 크지 않은가?

〈표 3-8〉 용모 · 복장 체크리스트(남성사원: 기업에 따라 차이가 있을 수 있음)

항목	체크포인트
1. 머리	• 머리는 셔츠에 닿지 않는 길이인가?
	• 앞머리는 눈썹에 닿지 않는가?
	• 머리색은 자연색인가?
	• 파마는 하지 않았는가?
	• 정발용 제품은 냄새가 강하지 않은가?
	• 빗질은 자주 하는가?
2. 얼굴	• 수염은 깨끗이 면도를 했는가?
	• 입냄새가 나지 않는가?
	• 눈은 충혈되지 않았는가? 안경은 깨끗한가?
3. 드레스 셔츠	• 깃과 소매끝은 깨끗한가?
	• 색상과 무늬는 각 업장 규정에 맞는가?
4. 넥타이	• 얼룩, 구김은 없는가?
	• 타이는 올바른가? 길이는 적당한가?
5. 유니폼	• 단추는 떨어지지 않았는가?
	• 얼룩, 구김, 틀어짐은 없는가?
	• 어깨에 비듬이 떨어져 있지 않은가?
	• 바지의 다림질은 잘되어 있는가?
6. 손	• 항상 깨끗이 하고 있는가?
	• 손톱은 청결하고 길지 않은가?
7. 액세서리	• 반지는 결혼반지 이외에는 끼고 있지 않은가? (조리 부문은 불가하다)
8. 양말	• 청결한가?
	• 검정색이나 짙은 청색 양말을 신고 있는가?
9. 구두	• 근무화를 신고 있는가?
	• 잘 닦여 있는가?
	• 뒤축은 닳지 않았는가?
10. 시계	• 실용적인가? 화려하고 크지 않은가?

8. 명함 주고받는 방법

근래에는 명함 사용이 일반화되었다. 명함에는 회사에서의 본인의 지위 등 많은 정보가 담겨 있기 때문에 매우 소중히 다룰 필요가 있다.

1) 명함 드리기

첫째, 자신을 소개하면서 공손히 준다. 둘째, 반드시 서서 공손히 준다. 셋째, 명함은 넉넉히 준비하여 자유로이 교환할 수 있도록 한다. 넷째, 인사가 끝난 후 느닷없이 명함을 주는 것은 예의에 어긋난다.

2) 명함 받기

첫째, 서서 공손히 받는다. 둘째, 받은 명함은 정중히 다루어야 한다. 셋째, 명함은 반드시 명함 지갑에 넣어 깨끗이 보관한다. 넷째, 받은 명함에 낙서하지 않는다.

3) 상황에 따라 판단하기

첫째, 명함은 아랫사람이 먼저 드린다. 둘째, 먼저 소개받은 사람부터 드린다. 셋째, 방문한 곳에서는 상대방보다 먼저 드린다.

9. 첫인상 · 악수 · 소개

처음 만났을 때 말보다 모습이 먼저 눈에 들어온다. 느낌이 좋다, 까다롭다, 차갑다 등으로 상대방을 판단하는 최초의 실마리가 된다. 그만큼 첫인상이 중요하다는 뜻이다.

1) 좋은 첫인상 체크포인트

첫째, 만난 순간 미소를 짓는다(수용). 둘째, 시선을 부드럽게 휘감도록 한다(친애). 셋째, 한 걸음 앞으로 나아가 인사한다(친밀감). 넷째, 재빨리 움직인다(탄력성). 다섯째, 침착한 언행을 잃지 않는다(안정감). 여섯째, 허리를 똑바로 편다(세련미). 일곱째, 발끝을 안정시키고 편안한 자세로 선다(여유). 여덟째, 몸과 눈을 상대방에게 똑바로 향하게 한다(신뢰).

〈표 3-9〉 **첫인상 이미지 체크리스트**

구분	체크포인트
표정	• 명랑한 표정인가
	• 표현력은 풍부한가
	• 웃는 얼굴의 느낌은 좋은가
눈	• 빛나고 있는가
	• 시선의 방향은 좋은가
	• 시선의 분해, 아이컨택은 잘되고 있는가
자세	• 비뚤어졌거나 몸이 한쪽으로 기울어져 있나
	• 좋지 않은 습관은 없나
동작 인사	• 신속한 동작을 취하나
	• 바른 태도로 인사하고 있나
걸음걸이	• 좋지 않은 습관은 없나
	• 걷는 속도는 적당한가
손	• 좋지 않은 습관은 없나
	• 제스처는 적당한가
말하는 법	• 음성은 적당한가
	• 발음은 밝고 명료한가
	• 억양은 있는가
	• 타이밍 · 스피치는 적당한가
	• 언어 사용은 정중한가
	• 알기 쉽고 설득력이 있는가

2) 악수

악수는 친근감과 반가움을 표시하지만, 아래와 같이 몇 가지 기본예절이 필요하다. 첫째, 한국인의 경우 악수는 윗사람이 먼저 청한다. 둘째, 아랫사람이 손을 먼저 내밀어서는 곤란하다. 셋째, 상대방의 얼굴을 주시하면서 웃는 얼굴로 손을 내민다. 넷째, 손은 알맞고 힘있게 잡고 흔든다. 다섯째, 손끝만 내밀고 하면 곤란하다. 여섯째, 인사가 끝나면 곧 손을 놓는다. 일곱째, 장갑 낀 손으로 악수하는 건 곤란하다.

3) 소개

소개는 일상생활에서 필수적인 행위이다. 소개할 사람은 우선, 소개받을 사람들 사이에 선다. 다음에 친소관계를 따져 자기와 가까운 사람을 먼저 소개시킨다. 그 다음에는 손아랫사람을 손윗사람에게 먼저 소개시킨다. 또한 남성을 여성에게 먼저 소개시킨다. 마지막으로 소개 순서를 혼동하지 않는 것이다.

〈표 3-10〉 **소개하는 요령**

구분	상황	먼저	나중에
고객 응대	외부고객에게 사내 임직원을 소개할 때	내부 직원	외부고객
	외부고객에게 사내 임직원 다수를 소개할 때	사내의 지위가 높은 사람 → 낮은 사람의 순서로	외부고객
직원	상하 직원	아랫사람	상사
	여러 사람에게 소개할 때	한 사람	여러 사람

10. 불만(complaint)처리

환대산업에서는 작은 실수 때문에 불만이 발생한다. 우선 모두가 완벽한 서비스를 해서 사전에 고객 불만을 차단하면 좋겠으나 예상치도 않은 곳에서 고객의 소리를 접하게 된다. 이때는 당황하지 말고 불평처리 매뉴얼에 따라 하나하나 해결해 나가야 한다.

1) 불만처리

첫째, 냉정하면서 성의를 가지고 대한다. 말하는 톤을 한 단계 낮추고, 소리도 한 단계 낮추며, 시선을 아래로 내려서 가깝게 하며, 상대의 눈을 보고, 고객이 앉아 있을 때는 눈높이를 낮게 맞추고, 진지한 얼굴로 잘 듣는다(듣자, 듣자, 듣자). 둘째, 변명만 하지 말고 최후까지 듣는다. 오해가 생긴 것이 풀릴 수 있다. 셋째, 사실관계를 확인하려고 노력한다. 넷째, 장소를 바꾸어서 처리한다.

그래도 오해가 안 풀리면 다른 고객이 안 보이는 쪽으로 장소를 이동한다. 다섯째, 사람을 바꾸어서 응대한다. 윗사람으로 바꾸고, 여자보다는 남자로 바꾸며, 부하직원은 그전까지 일어난 이야기를 충분히 설명하고, 여섯째, 시간을 바꾼다. 전화로 컴플레인을 받았을 경우에는 우선 긴급한 일을 처리한 후 상황에 따라 지배인이 찾아뵙도록 하고, 만났을 경우에는 차를 대접하면서 이야기하고, 일곱째, 정당한 설명과 사과는 마지막까지 최선을 다한다. 여덟째, 다음에 다시 찾아주시도록 정성을 다해 인사한다.

서비스맨은, 고객만족이 개인이 갖춰야 할 서비스라는 업에 대한 이해, 정신, 비전 등을 명확히 인지하고, 서비스맨으로서의 마음가짐, 태도 등을 갖추어야 하며, 직무에 대한 명확하고 확실한 지식을 가지고 응대함에 있어 신뢰를 주어야 비로소 고객에게 만족을 줄 수 있다. 따라서 고객만족을 새롭게 정립하여 고객불만이 발생하지 않도록 모든 서비스맨의 힘을 모아야 한다.

불만처리 방안은 무엇인가?

2
PART

글로벌시대의
의사소통스킬

Chapter 4 의사소통의 이해

CHAPTER >>>

의사소통의 이해

제1절 | 의사소통의 개념과 기능

1. 의사소통의 개념

세버린과 탠커드(1979)에 의하면 의사소통의 개념은 '나눔을 강조하고', '의도적 영향을 강조하고', '모든 종류의 영향이나 반응을 포괄한다'는 세 가지 측면에서 정의할 수 있다고 한다.

첫째, 의사소통은 말하는 사람과 듣는 사람 사이에서 이루어지는 정보의 교류를 의미한다. 둘째, 의사소통은 말하는 사람과 듣는 사람이 공유한다는 의미로 설득을 뜻한다. 셋째, 인간과 인간 사이의 언어를 주고받는 것뿐만 아니라 영향이나 반응을 일으키는 모든 종류의 과정을 다 포함하고, 비언어적 의사소통이나 광범위한 인간관계까지도 포함시킬 수 있다는 것을 의미한다.

요약하면 의사소통(communication)은 '상호 간의 공통점을 나눈다'는 뜻으로 라틴어 'communis(공통·공유)'에서 유래되어 현재에 이르고 있다. 다시 한번 요약하면, 의사소통은 두 사람 이상의 사람들 사이에서 일어나는 서로 간의 의사의 전달과 상호 교류가 행해지는 과정을 뜻하며, 개인과 개인 또는 집단에 대해서 언어적, 비언어적으로 감정, 사상, 정보, 의견 등을 교류하는 과정이다.

◈ 사례연구 4-1

인간은 사회적 동물이라는 말도 의사소통의 중요성이 크다는 것을 의미하는 것으로 풀이된다. 인간관계의 성패여부나 협상, 비즈니스, 부부관계, 기업과 고객과의 관계도 결국 의사소통의 원만한 흐름을 전제로 한다. 의사소통은 감정이나 아이디어가 언어적 혹은 비언어적 메시지로 표현되고 전달, 수용, 이해되는 일련의 의식적, 무의식적, 혹은 의도적, 비의도적 과정이라고 말한다.

– Berko, Wolvin & Wolvin(1998)

2. 의사소통의 기능

의사소통의 개념에 다양한 측면이 있다는 것은 그의 기능 또한 비슷하게 다양하다는 것을 의미한다. 윌버 슈람(1947)에 의하면 대표적으로, ① 정보전달, ② 교육, ③ 즐거움 주기, ④ 제안 또는 설득하기 등의 기능이 포함된다.

의사소통의 다양한 측면끼리 서로 무관한 것이 아니라 상호 연관관계가 많다는 것이다. 의사소통의 다양한 개념과 기능의 다른 측면도 있고, 정보 의사소통과 설득 의사소통의 문제를 보면 서로 깊은 관계가 있음을 알 수 있다.

1) 의사소통의 이해

인간관계를 위해서, 자신의 생각과 의도를 타인에게 전달하는 것, 즉 공식적인 조직 안에서의 의사소통을 의미하며, 조직의 생산성을 높이고, 개인의 사기를 진작시키고 정보전달, 설득하려는 공통의 목표를 가지고 있다.

2) 의사소통의 기능

인간관계를 중시해서, 의사소통 전달방식에 문제가 없어야 한다는 것, 즉 조직과 팀의 효율성을 성취할 목적으로 이루어지는 구성원과의 정보 및 지식의 전달과정으로 공통의 목표를 추구해 나가는 집단 내의 기본적인 도구이자 성과를 결정하는 중요 기능이다.

3. 의사소통의 중요성

1) 의사소통의 중요성

사회생활에서 의사소통은 상호이해 과정으로써 중요하다. 현대는 자기표현을 중요시하므로 조직사회에서 살아갈 때 능력을 보여줄 수 있는 좋은 소통의 수단이 되고, 의사소통을 통하여 더 나은 조직의 일원으로서 상대에게 공감과 신뢰를 줄 수 있다. 반면에, 의사소통이 원활하지 못하면 조직사회에서뿐만 아니라 전반적인 사회생활에서 많은 어려움을 겪을 수 있다.

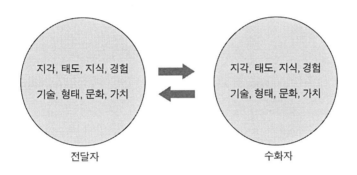

조직의 구성원은 다양한 사회적 경험과 사회적 지위를 토대로 한 개인의 집단으로서 동일한 내용을 제시해도 각각 다르게 반응한다. 메시지는 고정된 것이 아니라 유동적이고 가변적인 요소이므로 상호작용에 의해 다양하게 변할 수 있다.

2) 의사소통과정상의 태도

성공적인 의사소통을 위해서는 자신의 정보와 의견을 상대방이 쉽게 이해할 수 있도록 전달해야 하고, 상대방이 어떻게 받아들일 것인가를 참작해야 한다. 의사소통은 정보의 전달만이 목적인 것처럼 잘못 이해되어 왔다. 하지만 의사소통은 그 이상을 내포한 것으로서 다른 이해와 의미를 가진 사람들이 공통적으로 공유할 수 있는 언어 또는 문서, 그리고 비언어적인 방법으로 상호 노력하는 과정이다.

◈ 사례연구 4-2

고객관련 의사소통에서, 고객은 이제 우리의 동료이며 파트너이다. 고객이 왕이라면 결국 고객과 직원은 왕과 신하라는 수직적 관계일 수밖에 없다. 따라서 경직되고 굴종적인 서비스밖에 나오지 않는다. 진정한 서비스는 마음에서 우러나와야 한다. 이럴 때만이 자율적이고 창의적인 서비스가 나오게 된다. 고객을 동료나 사업 파트너라고 생각하는 것이 수평적인 네트워크 시대를 갖는 디지털 시대에 적합하다.

– 한라호텔(2002)

3) 의사소통방법

의사소통은 다양한 방법으로 이루어진다. 대부분은 의사소통을 아주 어렵고, 고도의 능력이 필요한 것으로 생각한다. 하지만 의사소통능력은 상대방의 말을 잘 들어주는 것이 중요하다. 또한 본인이 상대방의 말을 잘 듣고 있다는 표시와 상대방이 원하는 바를 잘 이해하기 위하여 업무활동이나 일상생활에서 필요한 문서, 공문, 대화, 메일 등을 통한 소통이 포함된다.

◈ 사례연구 4-3

고객관련 의사소통에서, 의사소통능력이란 상호 간의 대화나 문서를 통해 의견을 제시할 때, 서로 간에 전달하고자 하는 의미를 정확하게 전달할 수 있는 능력으로 세계화 시대에 필요한 외국어, 문서이해 및 의사표현능력도 필요하다. 사회생활에서 좋은 인간관계를 유지하고, 업무 성과를 높이기 위해서는 이 시대에서 필요한 능력이 요구된다.

– 한국산업인력공단

4. 조직 의사소통의 개념

전반적으로 '조직'이라는 수식어가 붙은 의사소통의 경우 그것이 붙기 이전의 것과 별개의 것이 아니므로, 기존의 의사소통 개념에다 '조직 속에서의'라는 말만

하나 덧붙이면 된다. 즉 조직 의사소통이란 '조직 속에서의 의사소통'을 말한다. 이러한 의사소통에는 정보적, 설득적 및 비언어적 의사소통이나 평범한 인관관계까지도 모두 포함된다.

1) 업무적 의사소통

공식적 의사소통이라고도 하며, 조직 의사소통의 상황 속에서 직접 관계되는 의사소통 영역이다. 공식조직 속에서의 의사소통(communication in formal work organization)을 가리키는 것으로, 비즈니스 의사소통이라고도 한다.

2) 비업무적 의사소통

공식적 업무와 달리 조직원들의 개별적인 인관관계 속에서 이루어지는 의사소통을 말한다. 조직의 구성원들은 조직의 구성원이기 이전에 하나의 인격체로서 업무와 관련되거나 업무관계를 떠나 개별적 인간관계를 갖는데 이러한 인간관계는 조직의 업무적 의사소통에도 영향을 미친다.

3) 조직의 생산과 규제기능

상품, 서비스 등의 생산이나 업무추진에 직접 사용되거나 이를 돕는 의사소통의 기능이라고 할 수 있다. 의사소통 형태의 예로는 판매정보, 메시지, 품질관리 메시지, 예산자료, 조직원의 업무를 지시 규제하는 제반 정책자료 등이 있다.

조직 속에서 이루어지는 의사소통의 생산 및 규제기능은 다음과 같이 정리될 수 있다. ① 구성원과 조직 자체의 목적과 목표를 규정한다. ② 목표달성에 관련된 문제영역을 규정한다. ③ 현재의 성취 정도를 검토한다. ④ 기능적으로 상호의존적 과제를 조정한다. ⑤ 과제의 기준과 역할분담 내역을 알린다. ⑥ 업무추진의 방법, 절차, 정책 등을 익힌다. ⑦ 통솔하고 영향을 미치게끔 한다.

4) 조직의 개혁기능

조직의 개혁은 조직 내 부서 상황에 의해서만 결정되는 것이 아니라 외부환경으로부터 투입되는 지속적인 자극·변화의 영향을 받는다. 무엇보다도 생산기술 수준에 있어서의 경쟁 또는 다른 기업의 수주는 자기업 기술혁신의 촉발요인이 된다. 특히 자기업이 선진국의 기술수준을 어떻게 따라잡느냐 하는 것은 기업의 생존에 직결된다.

5. 조직 의사소통의 모형

조직 내에서 의사소통이 어떻게 이루어지는지의 문제에 대해서는 두 가지 수준에서 분석이 가능하다. 하나는 대인수준에서의 의사소통과정이고, 다른 하나는 조직 전체 수준에서의 의사소통과정이다.

1) 대인적 모형과정

조직 내에서의 의사소통은 가장 기본적으로 특정 인간의 대인 의사소통과정을 뜻한다. 그 본질에 있어서는 대인 의사소통의 일반 모형과 비슷하다. 즉 의사소통이란 무엇보다도 선정된 정보(메시지)의 구성단위가 정보원으로부터 목적지까지 전달되는 과정이다.

의사소통의 수신과정을 보면 그림에서 메시지가 최종 수신자에게 전달된다. 예를 들어 우리가 대인 의사소통에서 자연 언어를 주고받을 때 수신자에게 귀결된다. 즉 수신한 음파를 대뇌가 지각한 형식으로 변환시키는 과정이다.

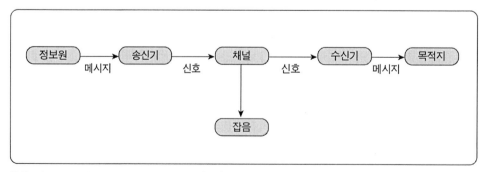

출처 : Claude E. Shannon & Warren Weaver(1919)

〈그림 4-1〉 **의사소통 수신과정**

의사소통과정에서 의사소통이 제대로 안 될 때 우리는 '잡음(noise)'이 있다고 말한다. 잡음은 음성이나 음향전달 시 방해되는 요소만을 의미하는 것은 아니다. 또한 전달자는 사고를 부호화함으로써 메시지를 전달하고, 경로는 메시지가 이동하는 매체로서, 공식 경로, 비공식 경로를 통해서 최종적으로는 피드백으로 가는데, 피드백은 메시지를 원래의 의도대로 전달하는 데 얼마나 성공적이었는지를 확인함으로써 이해가 이루어졌는지를 결정한다.

2) 구조적 모형과정

조직 의사소통이 조식 전체 속에서 이루어지는 구조적 과정이라 보고, 이는 일차적으로 상·하·수평의 메시지 흐름의 체계이다. 조직 전체를 하나의 유기체로 본다면, 의사소통은 그 유기체 내의 신경조직이나 혈관조직과 같은 기능을 하므로, 조직과정 속에서 공식적인 의사소통의 흐름은 일단 상향·하향·수평의 세 가지 방향으로 흐른다고 볼 수 있다.

그런 의미에서 조직 의사소통의 흐름을 하향 의사소통(down ward communication), 상향 의사소통(upword communication), 수평 의사소통(horizontal commnication)으로 나눌 수 있다고 보는 것이 레드필드 등, 다수 학자들의 지배적인 견해이다.

〈그림 4-2〉 **의사소통과정**

6. 하향적 의사소통(down ward communication)

하향적 의사소통은 조직 구성원의 지위와 역할에 따라 상급자가 의사소통자가 되고 하급자가 수용자가 되는 경우와, 조직의 당국자 또는 조직 자체가 의사소통자가 되고 여타의 일반 구성원이 수용자가 되는 경우의 의사소통을 말한다.

이는 상향 혹은 수평 의사소통을 감소시키거나 방해하기도 하며, 이런 하향적 의사소통이 대부분을 차지하게 되면 그 조직은 권위적 분위기를 가지고 경직화되기 쉽다. 하향적 의사소통에는 대체로 명령이나 업무에 대한 설명 등이 있다.

7. 상향적 의사소통(upword communication)

조직 내에서 공식경로를 통한 메시지의 흐름이 부하 사원으로부터 상사에게 전달되거나, 조직에 대하여 비당국자적 입장에 있는 구성원의 의견이 당국자적 입장에 있는 구성원에게 전달되는 것이 상향적 의사소통이다. 책임자는 아래로부터 정보를 받아 조직의 운영상태를 파악하고 이를 기초로 새로운 결정이나 지시를 내리게 된다.

정확하고 자세한 상향적 의사소통을 기초로 하지 않고는 조직 책임자의 판단이나 결론은 잘못될 수밖에 없고 이러한 의미에서 상향적 의사소통의 중요성은 강조된다. 상향적 의사소통의 내용에는 주로 업무보고, 제안, 운영상태에 대한 평가 등이 포함된다.

8. 수평적 의사소통(horizontal communication)

조직 내에서 메시지가 동료 간, 인접 부서 간에 흐를 때 우리는 이를 수평적 의사소통이라고 한다. 수평적 의사소통에서는 공식적 의사소통과 비공식적 의사소통 사이의 구분이 어렵다. 적절한 수평적 의사소통은 동료 간의 업무 협조를 증진시킬 뿐만 아니라 상사와 부하 사이의 수직적 의사소통도 원활하게 해준다.

반면에 수평적 의사소통이 지나치게 강해지면 비공식 집단이나 압력단체를 형성하여 다른 부서와의 원활한 협조체제를 저해하기도 하고 지나치면 조직의 위계질서가 파괴될 수도 있다. 이에 조직 의사소통의 구조에서 강조되는 것은 수직과 수평 의사소통을 적절히 배합하여 조직의 생산기능과 유지기능을 조화시키는 것이다.

9. 대각선 의사소통(diagonal communication)

조직이 직속 상관이나 부하 사이에서 이루어지는 것이 아니라, 직속의 명령 계통은 아니지만 개인적 친분관계나 업무상 협조관계로 상위직급의 인물과 하위직급의 인물 사이에 이루어지는 의사소통이다.

10. 방사형 의사소통(radial communication)

조직 의사소통은 사실상 조직 내의 공식적 개선에 의하여 교류되는 것보다 비공식적 네트워크를 통하여 교류되는 것의 비중이 더 크다. 이러한 비공식적 의사소통은 공식적인 구조나 개선을 따르는 것이 아니므로 네트워크상의 핵심 인물을 중심으로 사방으로 퍼져 나가는 메시지 교환의 형태를 가진다.

11. 거미줄형 의사소통(interlocking communication)

모든 비공식 의사소통은 방사형으로만 이루어진다고 보기 어렵고, 네트워크상의 핵심 인물을 기준으로 볼 때 방향이나 거리 및 대상에 있어 매우 불규칙하면서도 다각적으로 이루어진다. 이는 마치 거미줄이 얽힌 듯이 다방향·다각형으로 이루어진다고 보아 거미줄형 의사소통이라고 할 수 있다.

12. 그레이프바인

그레이프바인(grapevine)이 비공식적이기는 하지만 중요한 정보원이 아니라는 뜻은 아니다. 그레이프바인은 세 가지 주요 특징이 있다. 우선, 관리자들에 의해 통제되지 않는다. 둘째, 대부분의 종업원들은 최고경영자의 공식 발표보다 더 믿을 만하다고 인식한다. 셋째, 대개 소속 구성원들의 이익을 위해 이용된다. 그레이프바인은 정확한가? 증거에 의하면 전달된 정보의 75% 정도가 정확한 것으로 나타났다. 그러면 그레이프바인은 어떤 조건에서 활발해지는가? 소문을 퍼뜨리는 것은 무엇인가? 경영자들이 소문을 완전히 없앨 수 있는가? 그럴 수는 없지만 경영자들은 소문의 범위와 영향을 제한해서 부정적인 결과를 최소화해야 한다.

〈표 4-1〉 소문의 부정적인 결과를 줄이기 위한 방안

- 중요한 결정을 하기 위한 일정을 알려라.
- 일관되지 않거나 비밀이 있어 보이는 결정이나 행동을 설명하라.
- 현재의 결정을 미루고 계획의 긍정적인 점과 부정적인 점 모두를 강조하라.
- 최악의 경우가 발생할 가능성을 공개적으로 토의하라. 결코 무언의 환상만큼 근심을 불러일으키지는 않는다.

출처 : L. Hirschhorn, "Managing Rumors," in L. Hirschhorn(ed.), Cutting Back(San Francisco: Jessey-Bass, 1983), pp.54-56.

제2절 | 의사소통의 저해요인

효과적인 의사소통을 저해하고 왜곡할 수 있는 장애물에는 다음과 같은 것이 있다.

1. 의사소통의 필터링

필터링은 수신자에게 더 잘 보이기 위해 전달자가 의도된 정보를 조작하는 것이다. 관리자가 상사가 듣기 원하는 말을 할 때, 그는 정보를 필터링하고 있다. 종업원들로 하여금 종종 상사가 듣기 좋아하는 말을 하도록 하고 왜곡시키는 것이다.

2. 의사소통의 선택성

수신자는 그들의 욕구, 동기, 경험, 배경 등 기타 개인적인 특성에 기초하여 정보를 선택적으로 보고 듣는다. 수신자들 또한 전달자의 메시지를 해독할 때, 그들의 관심과 기대를 의사소통에 투영한다. 우리는 많은 부분을 실체를 보지 않고, 우리가 보는 것을 해석해서 그것을 사실이라고 믿는다.

3. 의사소통의 일방성

실질적인 업무를 하면서 '실수하지 않도록' 주의를 기울이는 것은 당연하다. 하지만 의사소통을 하는데 혹시 '정확히 전달되었는지', '정확히 이해했는지'를 확인하지 않고 이를 등한시한다면 서로 잘못된 정보를 득하게 된다.

4. 의사소통의 혼돈

엇갈린 정보를 바로잡지 않은 채 의사소통을 하면 사소한 것이라도 업무상 문제가 생긴다. 하지만 본인은 메시지를 '전달했는데', '아는 줄 알았는데', 하며 착각에 빠져 있으면 업무상 문제를 정보공유 부족에서 오는 것이라고 생각하지 않는다. 착각은 서로에게 잘못된 정보만을 갖게 할 뿐이다.

5. 의사소통의 안주

'말하지 않아도 안다, 호흡이 척척 맞는다.' 등과 같이 직접적으로 대화를 통해 관계하는 것보다 오히려 '눈치'를 중요시하는 의사소통을 미덕이라고 여기는 경향이 있다. 보기만 해도 마음이 통하는 관계는 '최고의 관계'이지만, 업무현장에서 필요한 것은 눈치의 미덕보다는 정확한 업무처리임을 알아야 한다.

〈그림 4-3〉 의사소통의 저해요인

6. 의사소통의 불안

효과적인 의사소통에 대한 다른 주요 장애요인으로 일부 사람들은 신경을 쇠약
하게 하는 의사소통 불안 또는 염려를 겪는다고 한다. 많은 사람들이 대중 앞에서
말하는 것을 두려워하지만, 의사소통 불안은 의사소통 기법의 전체적인 범주에 영
향을 미치기 때문에 훨씬 심각한 문제이다.

의사소통을 불안해 하는 사람들은 구두로 의사소통하는 것을 피한다. 그러나 거
의 모든 직업은 어느 정도의 구두 의사소통을 필요로 하는데, 불안감을 많이 느끼
는 사람들의 경우 구두 의사소통을 최소화하기 위하여 종종 정보를 왜곡시키는
경우도 있다.

7. 의사소통 향상방안

의사소통능력을 향상하기 위해서는 의사소통의 저해요인이 무엇인지 먼저 알아
내고, 이를 제거하기 위한 노력을 해야 한다. 그렇게 하기 위해서는 무엇보다도
스스로가 의사소통의 주인공임을 인지하고, 자신의 문제점을 하나하나 객관적으
로 분석할 수 있어야 하며, 타인을 이해하려는 노력과 조직의 구성원으로서 분위
기를 개선해야 한다.

1) 언어의 단순화

의사소통의 내용을 구성할 때 상대방을 고려한 어휘들을 선택하여 더욱 명확하게 이해할 수 있는 언어를 선택해야 한다. 의사소통할 때 상황에 따라 필요한 용어를 선택해야 한다. 전문용어는 그 언어를 사용하는 집단 구성원들 사이에서 사용될 때는 이해를 촉진시키지만, 조직 외의 사람들에게는 문제를 야기할 수도 있다.

2) 사후검토와 피드백

의사소통에서 피드백이란 상대방에게 그의 행동의 결과가 어떠한지에 따라 정보를 제공해 주는 것을 말하고, 그의 행동이 나의 행동에 어떠한 영향을 미치는지에 대하여 상대방에게 알려주는 것이다. 의사소통의 왜곡에서 오는 오해와 정확하지 않은 것을 줄이기 위하여 말하는 사람 또는 전달하는 사람은 사후검토와 피드백을 이용하여 메시지의 내용이 실제로 어떻게 해석되는지를 조사할 수 있다.

서로 얼굴을 맞대고 표현하는 의사소통에서는 사후검토나 피드백을 직접 해결할 수도 있고, 표정 등으로 정확한 반응을 얻을 수 있기 때문이다. 유의점으로는 대인관계에 있어서 그의 행동을 개선할 수 있는 기회를 제공해 줄 수 있지만, 계속해서 부정적이고 비판적인 피드백만을 주는 경우에는 오히려 역효과를 낼 수 있으며, 피드백을 줄 때 상대방의 긍정적인 면과 부정적인 면을 균형 있게 전달하는 것이 좋다.

3) 적극적인 경청

다른 사람과 대화할 때 신체적으로는 가까이 있으면서도 상대가 말하고자 하는 내용에는 관심이 없으면, 그 사람과는 의미 있는 대화를 더이상 나누기 어렵다. 단순히 상대방의 이야기를 들어주는 것과 경청의 의미는 다르다. 듣는 것은 수동적인 데 반해 경청은 능동적인 의미이다.

경청은 의사소통을 하는 양쪽 모두가 같은 주제에 관해 생각하고 있다는 것이다. 하지만 경청은 지적인 노력이 필요하고 전적으로 정신력의 집중을 필요로 하기 때문에 쉬운 일은 아니다. 따라서 상대방의 입장에서 생각하려고 노력하면서 감정이 이입될 때, 현재 일어나고 있는 의사소통에서 무엇이 언급되고 있는가를 주의 깊게 들어야 적극적 경청이 더욱 용이해진다.

4) 감정의 억제

인간은 감정적인 존재이므로 언제나 이성적인 방법으로 의사소통을 하지는 않는다. 의사소통에 있어서 느낌을 갖는다는 것은 자연스러운 일이다. 하지만 자신의 상황에 따라 즉 어떤 문제에 대해 감정적으로 좋지 못한 상황에 있을 때 듣거나, 문서가 주어진다면 내용을 곡해하기 쉽고, 반대로 전달하고자 하는 내용을 정확하게 표현하지 못할 수가 있다.

이러한 상황에 있을 때, 가장 좋은 방법은 침착하게 마음을 비우고, 평정심을 어느 정도 찾을 때까지 의사소통을 연기하는 것이다. 하지만 무한정 의사소통을 연기할 수는 없기 때문에 적극적인 노력과 자세가 필요하다.

5) 인상적인 의사소통

인상적인 의사소통이란 상대방에게 같은 내용을 전달한다고 해도 이야기를 새롭게 부각시켜 인상을 주는 것이다. 즉, 내가 전달하고자 하는 내용이 상대방에게 의사소통과정을 통하여 '과연' 하며 감탄하게 만드는 것이라 할 수 있다.

자신에게 중요한 말이나 표현만을 고집스레 사용하는 이야기의 내용에는 신선함과 풍부함, 또는 맛깔스러움이 떨어져 의사소통에 집중하기가 어렵다. 보통 회사 내에서만 생활하는 직업인은 인상적인 의사소통의 중요성을 잊기 쉽다.

또한 새로운 고객을 만나는 직업인이라도 매일 다른 사람을 만나기 때문에 같은 말을 되풀이하는 경향이 있다. 하지만 상대방에게 인상적으로 나의 의견을 전달하기 위해서는 상대방의 마음을 끌 수 있는 표현법을 많이 익혀서 이를 활용해야 한다.

고객에 대한 서비스는, 상대에게 관심과 배려, 성의를 제공하는 것이다. 서로가

서로에게 기쁨과 보람, 성취와 행복을 느끼게 하는 선순환의 원리를 말한다. 서비스를 받아 기뻤던 고객은 다시 자신을 찾아줌으로써 그 서비스에 보답하게 된다. 이처럼 서비스는 서로에게 이익이 되는 Win-Win 원리에 바탕을 두고 있다(대한매일, 2002).

제3절 | 의사소통의 핵심

1. 인간관계는 의사소통의 과정

가정이나 학교, 직장, 기타 장소에서 두 사람 또는 그 이상의 사람들 사이에서 발생하는 의사의 전달과 상호교류로 인간관계가 이루어진다. 개인 또는 집단이 개인 또는 집단에 대해서 정보, 감정, 사상, 의견 등을 전달하고 그것들을 받아들이는 과정이 의사소통이다.

◈ 사례연구 4-4

의사소통은 나 이외의 사람, 주변 가족, 친구, 동료들과의 관계에서 이루어지는 것이다. 대인 간 의사소통 목적은 서로 발전하고 관계를 맺어나가며 상호 간에 영향력을 발휘하며 서로 협조관계를 맺어나가는 것이다. 의사소통의 기술은 일대일 의사소통의 효율성을 증대하고, 효과적인 관계를 유지하고 발전시키며, 문제를 해결해 나가는 것이다.

– Joseph, A. Devito(2000)

2. 팀과 조직의 효율성 제고

인간은 사회적 동물이라는 말도 의사소통이 그만큼 중요하다는 뜻이다. 의사소통은 조직과 팀의 효율성과 효과성을 성취할 목적으로 이루어지는 것으로, 서로 간의 정보와 지식의 전달과정이다. 이것은 많은 사람의 노력으로 공통의 목표를 추구해 나가는 집단 내의 기본적인 도구로 성과를 결정하는 주요 기능이며, 각기 다른 사람들에게 서로에 대한 지각의 차이를 좁혀주며, 선입견을 줄이거나 제거해 줄 수 있는 좋은 수단이다.

◆ 사례연구 4-5

소집단 형태의 모임 등에서 이루어지는 것으로 구성원 간에 정보를 공유하고 아이디어를 발전시켜 나가며, 문제해결 능력을 갖추어 나가는 데 목적이 있다. 의사소통의 기술은 그룹 멤버로서 효율성 을 증대시켜 나가고, 리더십 능력을 향상시켜 나가며 특정 목표를 성취해 나가기 위해 그룹 활동을 해나가는 것이 있다.

– Joseph, A. Devito(2000)

3. 원활한 소통을 위한 성공적인 의사소통

의사소통의 원활한 소통을 전제로, 성공적인 의사소통을 위해서는 자신이 가지고 있는 정보를 상대방이 쉽게 이해할 수 있도록 표현하고, 상대방이 어떻게 받아들일 것인가를 고려하는 것이 기본이 되어야 한다.

◆ 사례연구 4-6

성공적인 의사소통을 위해서, 내적 의사소통은 자신과의 대화를 의미한다. 의사소통의 가장 기본 이 되는 자신과의 대화로서 생각해서 판단·분석하는 형태를 말한다. 내적 의사소통의 기술은 자 아존중감 높이기, 자아인식 증대, 문제해결 및 분석능력 향상, 자기통제, 긴장관리 및 대인 간의 갈등을 조절 관리해 나가는 것이다.

– Joseph, A. Devito(2000)

4. 의사소통의 종류

의사소통에는 대화, 전화, 토론 등을 통해 서로 간에 의사를 표현하고 경청하는 언어적 의사소통능력과 기획서, 편지, 메모 등을 이해하고, 글로 작성할 수 있는 문서적 의사소통능력, 그리고 업무상황에서 발생할 수 있는 외국어에 대한 기본적인 업무를 수행할 수 있는 기초외국어 능력 등이 있다.

◈ 사례연구 4-7

의사소통에서 공공 의사소통은 상호 간에 정보를 제공하고 설득해 나가는 과정으로 특정한 방법으로 서로의 태도, 가치, 의견 등을 변화시키기 위한 것이다. 공공 의사소통의 기술은 보다 효과적인 방법으로 정보를 교류하고 설득력을 높여 나가고 보다 큰 효율성을 갖고 메시지를 개발, 전달, 조직화시켜 나가는 것과, 이문화, 혹은 문화 간의 의사소통은 문화나 습관 등 타 문화권의 외국어를 포함하여 서로를 이해하고 인간의 다양한 사고나 경험 등을 교류하는 것을 포함한다.

– Joseph, A. Devito(2000)

5. 의사소통을 저해하는 핵심요인

의사소통을 저해하는 핵심요인은 불필요한 정보의 과다, 메시지의 복잡성, 메시지의 경쟁, 상이한 직위와 과업지향성, 신뢰의 부족, 소통을 위한 구조상의 권한, 잘못된 의사소통 매체의 선택, 폐쇄적인 의사소통 분위기 등을 들 수 있다. 그러므로 바람직한 의사소통을 위해서는 저해요인을 사회에서 격리해야 한다.

◈ 사례연구 4-8

대중매체, 즉 신문, TV, 책, 잡지, 영화, 비디오 등을 통하여 설득되고 재미를 느끼며 태도를 변화해 가는 과정으로서 매체를 통하여 광범위하게 대중에게 의사소통을 할 수 있는 특징이 있다. 근래들어 가짜뉴스 등 정확하지 않은 정보를 선택적으로 수용하려고 흑색 저널리즘으로부터 자신을 보호해 나가는 것 등이 있다.

– Joseph, A. Devito(2000)

의사소통을 저해하는 요인은?

◉ 기초직업능력(의사소통능력) 체크리스트

구분	문항	매우 미흡	미흡	보통	우수	매우 우수
A-1 의사 소통 능력	1. 나는 의사소통의 중요성을 설명할 수 있다.	1	2	3	4	5
	2. 나는 의사소통의 능력과 종류를 구분하여 설명할 수 있다.	1	2	3	4	5
	3. 나는 의사소통을 적절히 하여야만 하는 이유를 설명할 수 있다.	1	2	3	4	5
	4. 나는 올바른 의사소통을 저해하는 요인에 대해 설명할 수 있다.	1	2	3	4	5
	5. 나는 올바른 의사소통을 저해하는 요인을 제거하는 방법에 대해 설명할 수 있다.	1	2	3	4	5
	6. 나는 효과적인 의사소통능력을 개발하기 위한 방법을 설명할 수 있다.	1	2	3	4	5

출처 : 한국산업인력공단

• 체크리스트 합이 24점 이상인 사람은 의사표현에 양호한 편이고, 18점 이하인 사람은 더욱 분발하여 발전해야 한다.

PART

3

글로벌시대의
문서이해 · 문서작성 스킬

글로벌시대의 문서이해 5

제1절 | 글로벌시대의 문서이해

1. 문서이해

　문서도 구두로 하는 의사소통과는 달리 기록성, 보관성, 재창조성 등이 있기 때문에 법률적 구속력과 사태에 대한 결정력이 강하며, 어떤 물건이나 사건을 시각적으로 재현 · 전시하는 능력을 가지고 있다.

　문서는 메모, 편지, 팩스, 전자우편, 보고서, 제안서, 기획서 등 문서로 구성된 것을 말한다. 일상생활에서는 물론 다양한 직업현장에서 다양한 문서를 통하여 의사소통을 할 수 있도록 문서이해와 문서작성에 심혈을 기울여야 한다.

　서면 의사소통에서, 문서이해능력이란 자신이 담당하고 있는 업무와 관련된 기호화된 인쇄물 등의 문서들을 확인하고 이해하는 능력으로서, 문서에 주어진 정보를 이해하여, 자신이 해야 할 일이 무엇인지를 알아내야 하고, 도표, 수, 기호 등을 이해하여 표현할 수 있어야 한다.

◈ 사례연구 5-1

한국교육개발원은 경제협력개발기구(OECD) 사무국이 1994년부터 실시해온 성인 인구의 문서해독 능력 측정을 우리 국민에게 조사한 결과 일상문서 해독 능력이 최하위로 나타났다. 이는 개개인이 글을 이해하고 활용하는 능력을 키우는 데 소홀히 한 때문이기도 하다. 책 읽기를 기피하는 요즘의 세태와 무관하지 않다. 국가의 미래경쟁력을 위해서 이 부문에 대한 교육이 필요하다.
– 한국일보(2005.4)

2. 직업현장에서 필요한 문서이해

직업현장에서 제공되는 문서를 읽고, 이해할 수 있어야 하며, 각종 문서나 자료에 나타난 정보를 확인하여, 적절한 정보를 비교하여 통합할 수 있어야 하며, 문서에 나와 있는 상대방의 의견을 이해하고, 요약하여 정리할 수 있어야 한다.

직업현장에서 자신의 업무와 관련된 많은 문서를 접하게 되며, 자신에게 주어진 업무는 무엇인지, 요구하는 내용은 무엇인지 인지하지 못하면 업무에 어려움이 있을 수 있다.

◈ 사례연구 5-2

직업현장에서 필요한 문서이해능력은, 복잡하고 다양한 문서를 접하고, 그 내용을 이해하여 요점을 알아내는 능력이다. 현대사회는 정보가 홍수와 같다. 직업현장에서 많은 문서를 읽고, 작성하는데 그중에서 핵심내용을 찾아내는 것이 직장인에게 요구되는 매우 중요한 문서이해능력이다.
– 한국산업인력공단

3. 문서의 종류

1) 설명서

설명서는 제품의 특성이나 사용방법, 가치, 성질 등을 소비자가 쉽게 이해할 수 있도록 안내하는 문서이다. 가전제품 등을 구입하면 제품 설명서가 반드시 포함된다.

이에 소비자는 언제까지 제품의 안전이 보장되는지 확인할 수 있으며, 상품설명서는 궁극적으로 일반인들이 내용을 읽고 쉽게 이해할 수 있도록 해야 하며, 소비자가 상품의 특성을 잘 이해할 수 있도록 해야 한다. 마찬가지로 제품설명서도 제품의 특징에 대해 세부적으로 언급하여, 제품 구입을 유도하는 데 도움이 되도록 하는 데 목적이 있다. 이를 매뉴얼(manual)이라고도 한다.

설명서

2) 보고서

보고서는 직업현장마다 다소 차이가 있을 수 있으나, 우선 영업보고서는 영업상황을 문장형식으로 잘 나타내어 일별, 월별, 연별 등에 따라 보고하는 문서이다. 결산보고서는 업무를 진행하여 마무리된 사안을 수입과 지출 등의 결과를 보고하는 문서이고, 출장보고서는 기업의 필요로 인해 출장을 다녀와서 성과를 포함한 그 결과를 보고하는 문서이며, 회의보고서는 팀별, 업장별 회의 결과를 정리해서 보고하는 문서이다.

이때 회의할 경우에는 회의 내용을 정리하는 직원이 반드시 사전에 배정되어 있어야 한다. 간략하면, 담당자가 상위 부서 및 상급자에게 업무 현황을 보고하기 위해 작성하는 문서이다.

보고서

3) 기안서

기안서는 기업의 필요로 인해 회사의 업무에 대한 협조를 구하거나, 의견을 전달할 때 작성하고, 회사 내에서 주로 이루어지는 것으로 사내 공문서라고 하며, 간략하면, 기업활동 중 어떤 사항의 문제해결을 위해 해결 방안을 작성하여 결재권자에게 의사결정을 요청하는 문서이다.

기안서

4) 기획서

기획서는 직업현장에서 앞으로 시행할 수 있는 사안에 대해 아이디어를 내고 프로젝트를 기획한 하나의 문서로서 상대방에게 기획의 내용을 충실히 전달하여 이를 시행하도록 설득하는 문서이다. 특히 상사에게 사전에 구두 합의를 통해 이를 문서화해서 결재 라인을 밟아 처리해야 하고, 기획의 단계는 우선, 아이디어 구상·도출, 둘째는 정보 수집, 셋째는 콘셉트 잡기, 넷째는 기획서 작성이다.

기획서

5) 공문서

공문서라 함은 국가의 행정기관에서 이용하는 문서로, 국내 또는 국외 공무를 집행하기 위해 작성하는 문서를 의미하며, 정부기관이 일반기업 혹은 단체로부터 진행하는 문서 및 일반기업에서 정부기관을 상대로 사업을 진행하려 할 때 작성하는 문서까지 포함된다.

공문서 양식에 따라 정당한 권리를 가진 사람이 작성해야 하며, 특히 공문서 최종 결재자의 결재가 있어야 문서로서의 효력이 발생한다. 간략하면, 행정기관 내부 또는 상호 간이나 대외적으로 공무상 작성 또는 시행되는 문서 및 행정기관에서 접수하는 문서이다.

공문서

6) 보도자료

보도자료는 언론을 상대로, 기업체, 정부기관, 각종 단체 등이 대중에게 알려야 할 내용을 언론, 미디어 홍보담당자에게 보내는 자료이다. 간략하면, 공식적인 입장을 언론에 제공하기 위하여 작성한 문서이다.

보도자료

7) 자기소개서

자기소개서는 기업체 등 입사시험 등에 필요한 자료로, 개인의 환경과 성장과정, 학력, 경력 등 입사에 관련된 내용과, 본인이 추구하는 자세, 개인적인 자랑거리 등을 기술하여 본인을 소개하는 문서이다. 간략하면, 자기를 소개하는 문서이다.

자기소개서

8) e-mail, memo

e-mail은 전자우편으로 개인적 혹은 사업상의 이유로 편지를 쓰는 것으로 근래에 와서는 매우 중요한 연락의 한 수단이 되고 있으며, memo는 비즈니스상에서 중요한 내용을 메모하여 필요한 사람에게 전달할 수 있도록 하는 수단이며. 이에는 전화메모, 회의메모, 업무메모 등이 있다.

e-mail, memo

9) 기타

환대산업인 관광호텔에서는 자주 오시는 고객 혹은 VIP 등 고객을 위해 환영편지, 감사편지, 사과편지 등을 총지배인이 직접 작성하는 경우도 있다.

환영편지 · 감사편지 · 사과편지

4. 문서이해의 절차

직업현장에서는 많은 문서를 다루어야 한다. 주어진 문서를 신속하게 이해하기 위해서는 구체적인 문서이해 절차를 알고, 문서이해능력을 향상시켜야 한다.

1) 문서의 목적 이해하기

중요한 내용만을 찾아서 필요한 정보를 획득 · 수집 · 종합하여 문서의 목적을 알아내는 능력이다.

문서 목적 이해

2) 문서의 배경 알아내기

　주요 문서를 읽으면서 문서를 왜 작성하게 되었는지 그 배경을 알아야 하고, 그에 따른 주제가 무엇을 말하는지를 알아내는 능력이다.

문서 배경 이해

3) 문서의 현안 알아내기

　현장에서 문서를 다루면서 기록된 정보를 밝혀내고, 문서가 제시하는 현안문제를 알아내는 능력이다.

문서 현안 이해

4) 문서 내용 분석하기

주어진 문서를 통해 상대방이 의도하는 것이 무엇인지, 또는 우리가 해야 할 일
은 무엇인지를 정확히 분석하는 능력이다.

문서 내용 분석

5) 목적 달성 결정하기

주어진 문서를 이해하고, 목적 달성을 위해 우리가 앞으로 행해야 하는 것을 결정하는 능력이다.

결정하기

6) 요약, 정리하기

주어진 문서에서 상대방의 의도를 도표나 그림 등으로 간단하게 요약 정리하는 능력이다.

요약, 정리하기

문서 이해의 절차를 기술하시오.

제2절 | 글로벌시대 문서이해의 핵심

1. 서면 의사소통의 종류

서면 의사소통의 문서로는 메모, 편지, 팩스, 전자우편, 설명서, 제안서, 보고서, 기획서 등이 있다. 일상생활은 물론 작업현장에서 우리는 많은 문서를 접한다. 이러한 문서를 통해 전달자와 수신자 즉, 상대에게 효과적으로 의사소통을 하고, 자신이 주장하는 바를 상대에게 설득시키며 이해를 구한다.

또한 문서의 종류는 매우 다양하므로 이렇게 다양한 문서를 빨리 이해해서 업무에 적용하여 처리할 수 있어야 한다.

2. 서면 의사소통 이해하기

서면 의사소통은 문서로써 이루어지므로 분명하고 입증 가능하다. 작업현장에서 자신의 업무와 관련된 인쇄물이나 기호화된 정보 등의 문서를 확인하고, 내용을 이해하고 파악하는 스킬이다.

3. 서면 의사소통 추론하기

현대사회는 통신 수단이 많이 발전했으므로 빠른 시간 내에 작업현장에서 문서를 읽고, 이해하며, 자료에 있는 정보를 확인하여 필요한 정보를 통합할 수 있어야 한다. 또한 자신에게 필요한 내용이 무엇인지 빨리 추론할 수 있어야 한다. 문서에 포함된 도표, 그림, 수, 기호 등을 이해하여 의사를 표현해야 한다.

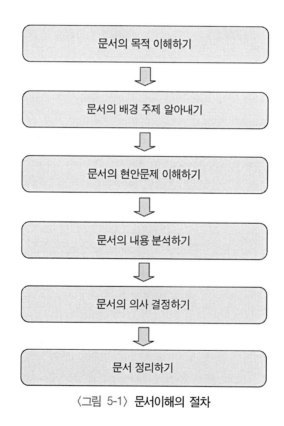

〈그림 5-1〉 문서이해의 절차

◉ 기초직업능력(문서이해능력) 체크리스트

구분	문항	매우 미흡	미흡	보통	우수	매우 우수
A-2-가 문서 이해 능력	1. 나는 문서가 무엇인지 설명할 수 있다.	1	2	3	4	5
	2. 나는 문서이해의 개념 및 특성에 대하여 설명할 수 있다.	1	2	3	4	5
	3. 나는 문서이해의 중요성에 대해 설명할 수 있다.	1	2	3	4	5
	4. 나는 문서이해의 구체적인 절차와 원리를 설명할 수 있다.	1	2	3	4	5
	5. 나는 문서를 통한 정보화 획득 및 종합 방법을 설명할 수 있다.	1	2	3	4	5
	6. 나는 다양한 문서의 종류를 구분하여 설명할 수 있다.	1	2	3	4	5
	7. 나는 다양한 문서에 따라 각기 다른 이해방법을 알고 있다.	1	2	3	4	5
	8. 나는 문서이해능력을 키우기 위한 방법을 알고 설명할 수 있다.	1	2	3	4	5

출처 : 한국산업인력공단

• 체크리스트 합이 32점 이상인 사람은 의사표현에 양호한 편이고, 24점 이하인 사람은 더욱 분발하여 발전해야 한다.

CHAPTER >>>

글로벌시대의 문서작성스킬 6

제1절 | 글로벌시대의 문서작성

1. 문서작성의 개념

직업현장에서 일하는 사람, 즉 직장인의 경우 대부분은 글 쓰는 일을 하고 있다. 이렇게 문서란 설명서, 제안서, 보고서, 팩스, 편지, 기획서, 메모 등이 글로 이루어진 것을 의미한다.

2. 문서작성의 중요성

문서는 개인과 개인, 개인과 부서, 부서와 부서 사이로 전달되며, 구두로 하는 의사소통과는 달리 기록성, 보관성, 재창조성 등이 있기 때문에 법률적 구속력과 사태에 대한 결정력이 강하며, 어떤 물건이나 사건을 시각적으로 재현·전시하는 능력을 가지고 있다.

직장에서의 문서작성은 조직의 비전을 실현시키는 생존을 위한 것이므로 개인의 의사표현이나 의사소통을 위한 과정으로 중요한 업무라고 할 수 있다. 또한 문서는 작성하는 이유를 알아야 하고, 문서를 통해 전달하려는 것이 무엇인지를 정확히 숙지해야 한다. 개인의 사고력과 표현력이 중요하며, 문서작성 시 고려해야 할 사항은 대상, 목적, 시기를 포함해야 하며, 특정 문서의 경우 기대효과 등이 기술되어야 한다.

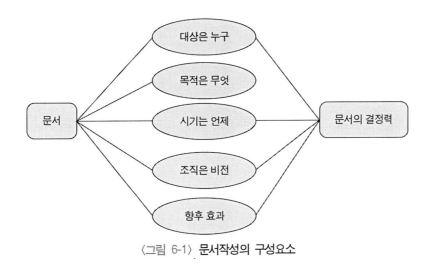

〈그림 6-1〉 **문서작성의 구성요소**

3. 문서작성의 기본과제

1) 문서의 외형

잘 작성된 문서란, 내용에 앞서 그 외형이 정리되어 있어야 한다. 문안 자체가 정리되어 있지 않으면 읽는 이에게 좋은 인상을 주지 못한다. 즉 품위 있고 짜임새 있는 골격을 갖춰야 한다.

2) 언어 표현력

잘 작성된 문서는 언어표현에 있어 손색이 없어야 한다. 문법이 잘못되고, 맞춤법, 띄어쓰기, 사용하는 언어나 용어 선택에 잘못이 있다면 좋은 문서라고 할 수 없다. 즉 문서는 객관적이고 논리적이며 체계적인 내용으로 이루어져야 한다.

3) 문서의 정확성

좋은 문서의 기본은 정확성이다. 글의 내용이 현실에 부합되어 내용상의 정확성에 모자람이 없어야 하고, 표현에 있어서도 구두점, 맞춤법, 문법 등에 결함이 없어야 한다. 즉 정확하고, 이해하기 쉬운 구조의 문서가 되어야 한다.

4) 문서의 간결성

우선 문장은 간결한 것이 좋다. 주어와 서술어가 한 개의 문장에서 하나씩만 있게 하고 가급적 문장은 단문이 좋고 조금 복잡한 문장은 복문이 좋다. 모든 문장에서는 군더더기를 제거하여 깔끔하게 표현해야 하며, 긴 중문인 경우 중간중간을 여러 개의 단문 내지 복문으로 나누는 것이 좋다. 즉 간결하고, 세련되며, 인상적인 배치의 문서가 되어야 한다.

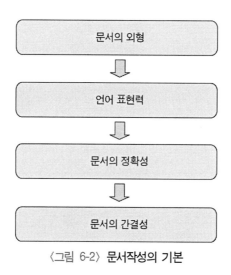

〈그림 6-2〉 문서작성의 기본

제2절 | 글로벌시대의 문서작성스킬

1. 문서에 대한 요청·확인

직장에서 요구되는 문서는 상황에 따라 그 내용이 결정되고, 내용에 따라 문서의 성격과 내용이 결정되는데 업무를 추진하는 과정에서 내용과 관련된 요청이나 확인을 요구할 때이다. 이런 경우, 대부분 공문서를 사용하게 되는데, 공문서는 일정한 양식과 격식을 갖추어 작성하도록 되어 있다.

◈ 사례연구 6-1

직업현장에서 수많은 문서를 작성하고, 다른 사람이 작성한 문서를 보게 된다. 같은 내용의 문서라도 작성한 사람에 따라, 어떤 문서는 모두 공감하기 쉽고, 알아보기 쉬운 반면, 어떤 문서는 두서없이 쓰여 있어 요점을 파악하기 어려울 때가 있다. 문서작성에 있어서는 기획서, 보고서, 회의록, 제안서 등의 문서 종류에 따라 각각의 작성 원칙과 주의사항을 잘 숙지하여 그의 목적에 맞게 효과적으로 문서를 작성할 수 있는 능력이 반드시 필요하다.

– 한국산업인력공단

---

2. 문서작성 시 필요한 정보

업무를 하면서 일의 성과를 높이기 위해서는, 필요시 제공할 수 있는 정보는 어디까지인지 사전에 인지해야 한다. 자신과 부서 간의 일반적인 정보뿐만 아니라 행사나 제품에 대한 경우도 필요한 정보를 제공해야 한다. 이러한 경우에는 홍보물이나 보도자료 등의 문서가 이용된다.

3. 지시에 의한 문서

직장에서 업무를 하다 보면 관련부서나 외부기관, 단체 등에 명령 혹은 지시를 내려야 하는 일이 있다. 이럴 때는, 일반적으로 업무 지시서를 작성한다. 각 부서에서 업무 지시서를 작성할 때는 상황에 적합하고 명확한 내용을 작성할 수 있어야 하고, 단순한 요청이나 협조를 구하는 차원이 아니므로 즉시 실행할 수 있도록 해야 한다.

4. 제안이나 기획 관련 문서

업무에 대한 제안이나 기획을 수립해야 할 경우 제안서나 기획서의 목적은 어떻게 업무를 혁신적으로 개선해야 하는지와 어떤 방향으로 추진해야 하는지의 의견을 타진하는 것이다. 목적을 달성하기 위해서는 관련된 내용을 깊이 있게 담아내어 작성자의 의도에 대한 종합적인 판단이 필요하다.

5. 추천에 관한 문서

회사에 취업을 하려면 추천서가 필요하다. 일반적으로 기존의 상사가 작성해 주는 문서로 평상시 관계가 좋을 필요가 있다.

문서작성의 기본과제는 무엇인가?

제3절 | 문서 종류에 따른 작성과정

1. 설명서

설명서는 매뉴얼(manual)이라고도 하며, 평서형으로 작성하면서, 제품에 대한 성격에 맞춰 기술하고, 정확한 내용으로 간결하게 작성하는 것이 좋다. 고객들이 이해하기 어려운 전문용어의 사용은 가급적 삼가고, 복잡한 내용은 도표 등을 이용하고, 문장의 반복을 피하여 표현하는 것이 좋다.

2. 기획서

기획서는 직업현장에서 향후 있을 일에 대한 목적에 부합되게 기획해서 정확하게 기입되도록 하며, 상대방이 이해할 수 있도록 설득력을 동반해야 한다. 문서에는 상대방이 요구하는 내용을 반드시 고려하여 작성하는 것이 좋다. 유의사항으로는 목적을 이룰 수 있도록 핵심사항을 정확히 기입하고, 확인해야 하며, 상대가 채택하기 쉽게 설득력을 갖춰야 하며, 상대방이 요구하는 사항을 고려해야 한다.

3. 공문서

공문서는 연도와 월일을 반드시 기입하고, 직업현장, 회사에서 외부로 전달되는 문서이므로 5W1H, 즉 '누가, 언제, 어디서, 무엇을, 어떻게, 왜'가 정확하게 나타날 수 있도록 해야 하며, 날짜 다음 괄호를 사용할 경우에는 마침표를 찍지 않는다. 유의사항으로는 한 장에 담아내는 것이 원칙이며, 마지막엔 반드시 '끝'자로 마무리해야 한다. 복잡한 내용은 항목별로 구분하고, 대외문서 혹은 장기 보관되는 문서에 따라 기술한다.

4. 보고서

직업현장, 업무 진행과정에서 쓰는 보고서는 핵심내용을 구체적으로 제시하는 것이 좋고, 내용의 중복을 피하고 핵심사항만을 간결하게 작성한다. 유의사항으로는 개인의 능력을 보여주는 기본이므로, 제출 전에 최종점검이 필요하고, 참고자료는 출처를 정확히 기술한다.

5. 영문 편지

영문 편지의 구성은 공용문이나 상용문이 있고, 사교문은 다소 차이가 있을 수 있다. 여기에서는 사교문을 보통 6부문으로 나눌 수 있다. 우선 ① Headline 표제 - 발신자의 주소와 날짜 ② Inside address 수신자의 주소, 성명 ③ Salutation 서두 ④ Body of the letter 본문 ⑤ Complimentary Close 결구 ⑥ Signature 서명, 상대방과의 친분에 따라 서두에 상대의 이름을 넣을 수 있다. 나중에 추가 필요성이 있으면 서명한 후에 P.S=Postscript(추신)을 쓸 수 있다.

〈표 6-1〉 영문 편지

8-6, Jongno 1-ga Jongnogu, Seoul May 23, 2023 Mr. F.K. Howells 12 Richimond Street London, N.W.S. Dear Mr. Howells 　　I recall that your birthday is just around corner and suppose your family is planning some surprise for you. Being far apart on both sides of the ocean, I cannot stretch my hand to shake hands with you. So hasten to write this letter to offer you my heartiest congratulation and best wishs for many returns of your birthday. 　　Please give my best regards to Mrs. Howells. 　　　　　　　　　　　　　　　Yours sincerely 　　　　　　　　　　　　　　　Hong, gil-dong(signature) P.S. Your letter has just arrived after writing the above. 　　Thank you.

제4절 | 문서작성의 기본

1. 문장은 간결하게

문서작성의 원칙으로 문장은 짧고, 간결하게 작성하도록 한다. 의미 전달에 문제가 없다면 가능한 문장을 짧게 하고, 표현에서 실질적인 내용을 담을 수 있다.

2. 이해하기 쉽게

문서작성의 원칙으로 상대방이 이해하기 쉽게 하며, 우회적인 표현이나 현혹하는 문구는 되도록 사용하지 않는 것이 좋다. 중요하지 않은 경우에는 한자 사용을 자제하도록 하며, 상용한자의 범위 내에서 사용하는 것이 상대방이 문서이해에 도움이 될 것이다.

3. 주요 내용 작성

문서작성은 원칙적으로 긍정문을 사용하고, 부정문이나 의문문은 되도록 피하는 것이 좋다. 문서의 내용을 일목요연하게 파악할 수 있도록 간단한 표제를 붙이는 것이 내용을 이해하는 데 도움이 되며, 문서작성의 핵심은 결론을 먼저 쓰는 것이다.

4. 작성 시 주의할 점

각 회사마다 문서에 대한 기본 틀이 있다. 공적으로 자신을 표현하고, 대외적으로는 회사를 대표하는 것으로 실수가 있어서는 안 되며, 문서는 정형화된 기본 틀을 갖춰 문서작성 시에 주의해야 한다. 우선 문서는 ① 육하원칙에 의해 써야 하며, 작성시기가 중요하다. ② 한 장의 용지에 한 사안을 작성하고, 반드시 내용을 확인 검토한다. ③ 필요한 자료 외에는 첨부하지 않아야 한다. ④ 기재하면서 수량, 현금, 일자 등의 정확성이 필요하다. ⑤ 문장표현에 경어나 단어 사용에 신경을 써서 작성자의 성의를 보여준다.

5. 작성 시 요령

효과적인 문서작성 요령은 다음과 같다. ① 내용이해를 위해, 전달하고자 하는 내용과 핵심을 정확히 파악하고, ② 목표설정과 구성을 위해, 전달하려는 목표를 정확히 설정하고, 구성과 형식이 무엇인지 사고하고, ③ 자료수집과 핵심내용의 전달을 위해, 성공적인 목표를 뒷받침해 줄 자료를 수집하고, 단락별로 핵심을 하위목차로 요약하고, ④ 대상파악과 보충설명을 위해, 대상에 대한 이해와 분석이 필요하며, 일어날 수 있는 질문을 예상하고, 그에 따른 구체적인 답변을 준비한다.

> ◈ 사례연구 6-2
>
> 세무행정을 전공하는 길동군은 심혈을 기울여 PPT를 만들고, 구성 계획안을 작성했다. 담당 교수님께 돌아온 피드백을 보고 많이 놀랐다. 길동군이 쓴 계획안은 내용이해가 잘 되지 않아 좋은 점수를 주기 어렵다는 교수님의 의견이 있었기 때문이다. 무엇이 문제일까? 지금부터 문서를 통해 어떻게 하면 효과적으로 내용을 전달할 수 있는지…
>
> — 한국산업인력공단

6. 문서표현의 시각화

문서표현의 시각화는 우선, 세 가지로 나눌 수 있다. ① 차트를 이용한 표현으로, 개념이나 주제 등을 나타내는 문장표현, 통계적 수치 등을 한번에 알 수 있도록 하고, ② 데이터를 이용한 표현으로, 수치는 표로 나타내는 것이 중요하고, ③ 이미지를 이용한 표현으로, 전달하고자 하는 내용을 그림이나 사진 등으로 나타내는 것으로 문서를 더욱 효과적으로 나타내기 위한 시각화 방법으로 간결하게 잘 표현하면 더욱 효과적이다. 요약하면, 시각자료는 보기 쉬워야 하고, 이해하기 쉬워야 하고, 다양하게 표현되어야 하며, 수치는 그래프를 이용하여 처리한다.

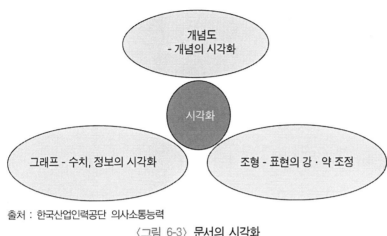

출처 : 한국산업인력공단 의사소통능력

〈그림 6-3〉 문서의 시각화

제5절 | 문서작성의 핵심

1. 문서작성은 조직의 비전 실현

문서작성은 개인의 의사표현이나 소통을 위한 과정으로서의 업무이고, 더 나아가 조직의 성패가 걸린 중요한 업무라고 할 수 있다. 이에 업무와 관련된 문서작성은 조직의 비전을 실현시킬 방안으로 왜 작성해야 하는지, 명확하게 결정해서 시행해야 한다.

◈ 사례연구 6-3

대중매체, 즉 신문 등을 통하여 설득되고, 재미를 느끼는 태도는 변화해 가는 과정으로서 매체를 통해 광범위하게 대중집단에게 의사소통을 할 수 있다. 대중의사소통의 기술은 매체 사용능력을 향상시키고, 매체를 통제할 수 있는 능력을 길러 나가며, 광고를 선택적으로 수용하기 위해 흑색 저널리즘으로부터 자신을 보호해 나가는 것 등이 있다.

― 임붕영(2012)

2. 문서작성능력은 필수

직장생활에서 필수능력 중 하나는 문서작성이라고 할 수 있다. 같은 직장에서 근무하는 동료들과의 의사소통의 수단이고, 본인이 업무능력을 인정받을 수 있는 좋은 기회이다. 성실하게 업무를 하더라도 상황과 목적을 이해하지 못하는 문서는 능력 평가를 제대로 받을 수 없다.

◈ 사례연구 6-4

증시 전문가들은 완만한 상승 흐름으로 10월 중 2,000을 다시 넘어설 수 있겠지만 안착에는 다소 시간이 걸릴 것으로 보고 있다. 한화증권 민 연구원은 "미국의 금리인하"로 글로벌 금융시장의 불안감이 해소된 데다 기업실적, 남북정상회담 등 주식시장에 긍정적으로 작용할 요인이 많아 2000 돌파는 무난할 것으로 내다봤다.

― 경향신문(2007.9.)

3. 문서는 상황·목적·구조로 작성

직장생활에서 필요한 문서는 요청이나 확인 등을 부탁하는 경우, 명령이나 지시가 필요한 경우, 정보제공을 위한 경우, 제안, 기획, 약속, 추천 등에 대한 것은 현재 상황에 의해 내용이 결정되고, 그에 따른 문서 성격이나 구성도 변하므로 목적에 맞는 문서를 작성해야 한다.

◈ 사례연구 6-5

"부산 공장의 긍지와 영광을 되살리자"라는 슬로건 아래 노사가 하나로 뭉쳐, 보다 강한 공장으로 성장·발전하자는 자각운동으로, 이날 모임에는 공장장의 개시선언과 추진방향 제시, 노조 지부장의 운동 출발에 즈음하여 드리는 말씀, 그리고 결의문 낭독, 사가제창 순으로 진행되었다.

– 오두범(1994)

4. 문서작성의 원칙과 주의사항

직장에서의 문서작성은 일반 글에 비해 형식적인 면을 많이 중시한다. 이에 따른 문서에는 작성 원칙과 주의사항이 있다. 그러므로 내용을 간단하면서도 일목요연하게 전개해야 한다. 직장에서 의무적으로 쓰는 글은 개인적인 글이 아니므로 주의하고 정확하게 작성하는 것을 잊지 말아야 한다.

◈ 사례연구 6-6

한국농촌경제연구원이 30일 내놓은 '9월 세계 곡물 가격 동향'에 따르면 밀과 옥수수 등 주요 곡물 가격이 일제히 급등했다. 9월 인도분 및 선물 가격은 14일 미국 캔자스 상품거래소에서 t당 296달러에 거래됐다. 이는 지난해 같은 기간에 비해 68% 급등한 것으로 1996년 이후 가장 높은 수준이다.

– 동아일보(2007.9.)

5. 문서 전달력의 중요성

내용이 길고 중구난방으로 기술된 글은 요점을 파악하기 어렵다. 내용이 더욱 효과적으로 전달될 수 있도록 이해하기 쉽고, 보기 쉽게, 그래프나 숫자 등으로 다양하게 표시된 문서가 잘된 것이라고 할 수 있다.

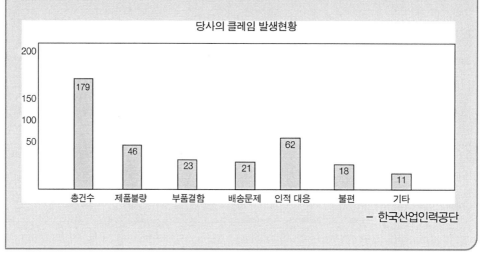

◈ 사례연구 6-7

올해 당사의 클레임은 179건으로 나타났다. 그중 제품불량이 46건, 부품결함이 23건, 배송문제가 21건, 인적 대응문제가 62건, 사용 불편이 16건, 기타 11건입니다.

당사의 클레임 발생현황

– 한국산업인력공단

6. 문서의 외형·언어표현의 중요성

문서작성에 있어서 중요한 것은 내용을 담는 그릇, 즉 문서의 외형, 언어표현과 같은 형식 문제이다. 언어가 잘못되어 있으면 독자에게는 좋은 인상을 주지 못하고, 잘 작성된 문서는 언어표현에서 손색이 없어야 한다.

문서작성의 중요성에 대해 기술하시오.

◉ 기초직업능력(문서작성능력) 체크리스트

구분	문항	매우 미흡	미흡	보통	우수	매우 우수
A-2-나 문서 작성 능력	1. 직업생활에서 필요한 문서가 무엇인지 확인할 수 있다.	1	2	3	4	5
	2. 나는 문서를 작성해야 하는 목적 및 상황을 파악할 수 있다.	1	2	3	4	5
	3. 나는 내가 주로 작성하는 문서가 어떻게 작성되어야 하는지 설명할 수 있다.	1	2	3	4	5
	4. 나는 문서의 종류에 따라 적절하게 문서를 작성할 수 있다.	1	2	3	4	5
	5. 나는 문서작성에서 시각적인 표현의 필요성을 설명할 수 있다.	1	2	3	4	5
	6. 문서작성에서 시각적인 표현을 효과적으로 사용할 수 있다.	1	2	3	4	5

출처 : 한국산업인력공단

• 체크리스트 합이 24점 이상인 사람은 의사표현에 양호한 편이고, 18점 이하인 사람은 더욱 분발하여 발전해야 한다.

4 PART

글로벌시대의
경청스킬

Chapter 7 경청의 이해

CHAPTER >>>

경청의 이해

제1절 | 경청의 이해

1. 경청의 개념

의사소통에서 경청능력은 효율적인 의사소통 효과를 나타내는 데 중요한 역할을 한다. 의사소통에서 제일 중요한 것은 훌륭한 경청자가 되는 것이다. 상대방을 향해 귀를 기울여 경청하는 태도가 의사소통의 중요함을 보여준다.

다른 사람의 이야기를 건성으로 듣거나 대강 듣거나 적당히 듣는다면 대화를 잘한다고 할 수 없다. 경청이란 다른 사람의 말을 주의 깊게 듣고, 공감하는 능력을 말한다. 경청이야말로 대화의 과정에서 신뢰를 쌓을 수 있는 최고의 방법이다. 경청하면 상대방은 안도감을 느끼고, 믿음을 갖게 된다.

자기 말을 경청해 주는 사람을 싫어하는 사람은 없기 때문이다. 특히 고객을 대하는 서비스맨에 있어 경청의 태도는 서비스의 품질 및 고객만족과 직결된다.

◈ **사례연구 7-1**

경청능력은 다른 사람의 말을 주의 깊게 들으며, 공감하는 능력이다. 직장인들이 개인이나 조직 간에 원만하게 관계를 유지하고 업무성과를 높이기 위해서는 적절하게 의사소통을 할 수 있는 능력이 필수적이다. 특히, 의사소통을 하기 위해서는 다른 사람의 말을 주의 깊게 들으며, 공감할 수 있는 능력을 갖추는 것이 우선시되어야 할 것이다.

— 한국산업인력공단

1) 고객의 입장과 원하는 것

의사소통의 효과를 높이기 위해서는 늘 상대방이 원하는 것을 먼저 파악하고 상대의 입장에서 대화를 이끌어야 한다. 특히 불만이 있는 고객을 상대할 때는 고객 입장에서 같은 감정을 가지고 상대방에게 진심어린 감정을 전달하는 것이 중요하고, 고객이 원하는 것이 무엇인지 핵심을 파악하지 않고서는 상대를 설득시킬 수도 없다. 경청의 비결은 상대의 핵심을 파악하여 그에 걸맞은 적절한 행동을 취하는 것이다.

2) 경청하며 불만을 해결

의사소통 중 가장 중요한 것은 듣는 것이다. 듣는다는 것은 수동적인 과정이 아니다. 훌륭한 의사소통일수록, 듣는 것이 말하는 것보다 효과가 크다는 것을 알 수 있다. 듣는다는 것은 상대방을 인정하고 배려하는 마음의 전달이기 때문이다.

고객 중에 불만을 느낀 고객은 실제로 불평불만을 제기하는 사람은 얼마 없다는 기록도 있다. 이는 기업이 망해가는 징조로도 볼 수 있으며, 불평과 불만을 제기해도 처리가 미숙하다면 그 기업의 서비스문화가 뒤떨어졌다는 것을 의미한다.

2. 경청의 기술

경청기술은 곧 의사소통 기술이다. 훌륭한 언변가는 훌륭한 경청자이기 때문이다(Joseph A. Devito, 2000).

1) 경청의 수용단계

경청의 수용단계는 단순히 듣는 것과는 다르다. 청취가 두 귀로 음성적 소리를 듣는 것이라면 수용단계는 화자가 전하는 메시지를 받아들이는 과정이다.

2) 경청의 이해단계

경청의 이해단계는 상대방이 말하는 바가 무엇인지를 파악하는 것이다. 이러한 이해과정은 상대방의 사상이나 감정까지도 고려해야 한다.

3) 경청의 기억단계

수용과 이해단계를 거친 메시지는 일정기간 동안 기억·유지되어야 한다. 일반적으로 대안이나 노트를 할 수 있으나, 대부분의 대인 간 의사소통 상황에서는 그런 노트가 사실상 부적절하다. 기억을 증대시키는 방법으로는, ① 메시지 중 핵심적인 아이디어 선택 ② 메시지를 보다 쉽게 보전할 수 있도록 요약 ③ 성명이나 핵심적인 개념을 반복하는 것이다.

4) 경청의 평가단계

경청의 평가단계는 어느 면에서 메시지를 판단하는 것이며, 또 다른 상황에서는 메시지를 신랄하게 분석하는 것 이상이다. 상대방의 입장을 이해할 때까지 평가하지 않고, 상대방이 호의를 갖고 있다고 생각하고, 사실과 추측의견 또한 개인적인 해석을 구별하고, 상대방에 대한 편견이나 선입견을 명확히 한다.

5) 경청의 반응단계

경청의 반응단계는 두 단계로 일어난다. 첫째는 화자가 이야기하는 동안이고, 둘째는 화자의 이야기가 끝난 동안이다. 이러한 반응은 피드백으로서 화자에게 보내는 정보이며 화자의 말에 대하여 느낌과 생각하는 바를 전달하는 것이다.

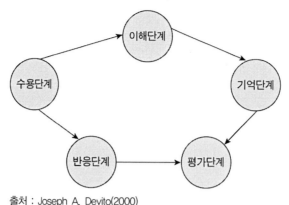

출처 : Joseph A. Devito(2000)

〈그림 7-1〉 **경청의 수용단계**

3. 경청의 중요성

의사소통은 내가 상대에게 메시지를 전달하는 과정이 아니라 상대와의 상호작용을 통해 메시지를 다루는 과정이다. 따라서 바람직한 의사소통을 위해서는 내가 가진 정보를 상대가 이해하기 쉽게 표현하는 것도 중요하지만, 상대가 어떻게 받아들일 것인가에 대한 고려가 있어야 한다.

즉, 의사소통을 하기 위한 기본적인 자세는 경청하는 것이다.

첫째, 데일리 카네기는 경청의 중요성을 "사람들에게 미칠 수 있는 비결은 훌륭하게 말하는 사람에게 있는 것이 아니라 경청하는 사람에게 있다"고 강조한다. 훌륭한 경청자보다 더 설득력 있는 사람은 없기 때문이다. 둘째, 스티븐 코비의『성공하는 사람의 7가지 습관』사례에 의하면 성공하는 사람과 그렇지 못한 사람의 대화 습관에는 뚜렷한 차이가 있다. 그 차이점이 무엇인지 하나만 꼽는다면 경청하는 습관을 말하고 있다.

셋째, 피터 드러커에 의하면 "내가 만일 경청의 습관을 갖지 못했다면, 나는 그 누구도 설득하지 못했을 것이다. 우리의 감성을 지배하는 것은 '귀'"라고 했다. 넷째, 톰 피터스의『초우량기업의 조건』에서 "경청의 힘은 신비롭기까지 하다. 21세기는 경청하는 리더의 시대가 될 것이기 때문이고, 듣는다는 것은 말하는 것보다 더 매혹적으로 사람의 마음을 사로잡기 때문이다. 경청함으로써, 상대를 한 개인으로 존중하게 된다. 이는 상대에 대한 인간적으로 존중함은 물론 그의 감정, 사고, 행동을 평가하거나 비판 또는 판단하지 않고 그대로 받아들이는 태도"라고 했다.

1) 신중한 경청 자세

경청하려면 우선 말하는 것을 멈추어라. 즉 말하는 것과 듣는 것을 동시에 할 수는 없다. 고객이 일단 말을 하면 멈추고 신중한 자세로 경청하도록 한다.

2) 적극적인 경청

고객들이 말하고자 하는 것이 무엇인지 적극적으로 경청하기에 앞서 우리는 알아내야 한다. 일단 모든 일을 중단하고 고객의 소리에 귀 기울일 수 있는 준비가 되어야 한다. 고객한테서 나오는 메시지에는 언어적, 비언어적 메시지가 있다. 고객이 상품에 대해 만족한다면서 그와 반대의 비언어적 신호를 보낸다면 그가 의미하는 그 이상의 것을 알아내야 한다.

3) 경청의 인내심

모든 사람이 동일한 방식으로 의사소통을 할 수는 없다. 고객에게 봉사하는 것이 서비스 자세이고, 고객이 진정으로 의미하는 바가 무엇인지를 최선을 다해 듣고 파악해야 한다.

4) 경청의 맞장구

마음을 안정시키고 적극적인 언어적, 비언어적 반응을 보내며 무슨 말을 하는가에 적극적으로 초점을 맞추어 나간다면 고객을 편안하게 하고 더욱 큰 의미 있는 대화를 나누게 된다.

5) 잘 모르면 질문하기

고객의 니즈를 결정하고 정보를 명확하게 하기 위하여 질문을 해야 한다. 질문은 행동을 취하고 반응하기 전에 고객의 메시지를 완전하게 이해하게 만든다.

〈표 7-1〉 Good 경청자 · Bad 경청자

Good 경청자(listener)	Bad 경청자(listener)
1. 메시지에 초점	1. 주의 집중 안 함
2. 감정적 반응 통제	2. 감정적 반응
3. 개인적 문제 배제	3. 개인적 문제 관여
4. 주위 산만해도 잘 청취	4. 주위 산만함
5. 편견 불필요	5. 편견이 우세
6. 매너리즘 배제	6. 매너리즘에 빠짐
7. 중요성 찾기 노력	7. 지루한 말 듣기 거북
8. 듣는 것이 중요, 생각	8. 말하는 것이 더욱 중요
9. 적극적 경청	9. 수동적 자세
10. 판단 유보	10. 즉시 결론 도출
11. 주의 기울이기	11. 주의를 기울이는 척
12. 정직한 피드백 제공	12. 거짓 피드백 제공
13. 아이디어, 감정 듣기	13. 단지 사실만 듣기

출처 : Suzanne Osbon, Machale T. Motley(1999)

4. 경청의 방해요인

1) 눈을 마주치지 않기

의사소통을 할 때, 상대의 눈을 마주치지 않거나 고개를 돌리거나 팔짱을 끼는 등 상대에게 호응을 보내지 않는 신체언어는 나쁜 대화의 특징 중 하나이다.

2) 미리 짐작하기

의사소통을 할 때, 상대의 말을 듣고 받아들이기보다 자신의 생각에 들어맞는 단서들을 찾아 자신의 생각을 확인하는 것을 말한다. 짐작하고 넘겨짚으려 하는 사람들은 상대방의 목소리 톤이나 표정, 자세 등을 지나치게 중요하게 생각한다. 이들은 상대가 하는 말의 내용은 무시하고 자신의 생각이 옳다는 것만 확인하려 한다.

3) 대답할 말 준비하기

의사소통을 할 때, 미리 상대의 말에 대답할 말을 생각하는 데 집중해 상대가 말하는 것을 잘 듣지 않는 것을 말한다. 결국 자기 자신의 생각에 빠져 상대방의 말에 제대로 반응할 수 없게 된다.

4) 말을 걸러내기

의사소통을 할 때 상대의 말을 듣기는 하지만 상대의 메시지를 온전하게 듣는 것이 아닌 경우이다. 상대가 분노나 슬픔, 불안에 대해 말하는 것을 들어도 그러한 감정을 인정하고 싶지 않다거나 회피하고 싶다거나 무시하고 싶을 때 자기도 모르는 사이에 상대방이 아무 문제가 없다고 생각하는 경우이다. 즉 듣고 싶지 않은 것들은 막아버리는 경우이다.

5) 부정적인 판단하기

의사소통을 할 때, 상대에 대한 부정적인 판단 때문에, 또는 상대를 비판하기 위해 상대의 말을 듣지 않는 것을 말한다. 상대를 어리석거나 고집이 세다거나 이기적이라고 생각한다면, 상대의 좋지 않은 증거를 찾기 위해서만 귀를 기울일 것이다.

6) 대화 시 다른 생각하기

의사소통을 할 때, 상대에게 관심을 가지는 것이 점차 어려워지고 상대가 말할 때 자꾸 다른 생각을 한다면 이러한 상황을 회피하고 있다는 위험한 신호이다. 표현하지 못하는 부정적인 감정이 밑바닥에 깔려 있어 시도 때도 없이 고객을 내밀기 때문에, 상대는 오해해서 공격받는다는 느낌을 가지게 된다.

7) 위하는 척 해결책 조언하기

의사소통을 할 때, 사람들은 지나치게 다른 사람의 문제를 본인이 해결해 주고자 한다. 말끝마다 조언하려고 끼어들면 상대는 제대로 말을 마칠 수 없다. 올바른 해결책을 찾고 모든 것을 제대로 고치려는 당신의 욕구 때문에 마음을 털어놓고 이야기하고 싶은 상대의 소박한 바람이 좌절되고 만다. 이야기를 들어만 줘도 상대는 스스로 자기 생각을 명료화하고 그 사이에 해결책이 저절로 떠오르게 된다.

8) 대화 시 언쟁하고 슬쩍 넘어가기

의사소통을 할 때, 언쟁은 단지 논쟁하기 위해서만 상대의 말에 귀를 기울이게 된다. 상대가 무슨 말을 하던 자신의 입장을 확고히 한 채 방어한다. 지나치게 논쟁적인 사람은 상대방의 말을 경청할 수 없고, 대화가 너무 사적이거나 위협적이면 주제를 바꾸거나 농담으로 넘기려 한다.

문제를 회피하려 하거나 상대의 부정적 감정을 회피하기 위해서 유머를 사용하거나 핀트를 잘못 맞추면 상대방의 진정한 고민을 놓치게 된다.

9) 대화 시 자존심 세우기와 비위 맞추기

의사소통을 할 때, 자존심이 강한 사람은 자존심에 대한 것을 전부 막아버리려 하기 때문에 자신의 부족한 점에 대한 상대의 말을 들을 수 없게 되고, 상대방을 위로하기 위해서 혹은 비위를 맞추기 위해서 너무 빨리 동의하는 것은 비위 맞추기의 대표적인 사례로서 상대에게 자신의 생각이나 감정을 충분히 표현할 시간을 주지 못하게 되는 것이다.

◈ **사례연구 7-2**

고객만족센터에서 고객불만 해소의 일인자로 알려진 L씨는 고객의 불만을 차근차근 들어줄 뿐 아니라, 고객의 입장에서 공감해 주는 능력을 가지고 있다. 많은 고객들은 L씨와 대화하고 나면 처음에 갖고 있던 불만이 많이 줄어든다고 한다. 그렇다면 L씨는 고객과의 대화 시 어떤 면에 중점을 두고 있는 것일까?

– 한국산업인력공단

5. 효과적인 경청방법

효과적인 경청방법은 상대와 의사소통을 하거나 많은 사람 앞에서 발표를 할 때 이용할 수 있는 정보를 득하기 위해서 많은 내용을 듣고 이해하는 것이 중요한 것이다. 적극적인 경청자가 되기 위한 과정을 알아본다.

1) 사전 준비하기

경청할 때, 수업시간이나 강연에 참가하면 강의계획서를 나누어준다. 이때 올바른 경청을 하려면 강의의 주제나 강의에 나오는 용어에 친숙해지도록 미리 읽어두는 것이 좋다.

2) 산만하지 않게 주의 집중하기

경청할 때, 말하는 것에 모든 것을 집중해서 적극적으로 들어야 한다. 말하는 사람의 속도와 말을 이해하는 속도 사이에서 발생하는 간격을 메우는 방법을 학습하는 것이 좋다.

3) 사전 예측하기

경청할 때, 대화하는 동안 시간 간격이 있으면, 다음에 무엇을 말할 것인가를 추측하려고 노력한다. 이러한 추측은 주의를 집중하여 듣는 데 훨씬 도움을 준다.

4) 본인과 관련짓기

경청할 때, 상대방이 전달하려는 메시지가 무엇인가를 생각해 보고 자신의 삶, 목적, 경험 등을 관련시켜 본다. 자신의 관심사항이라 생각하고 메시지를 이해하면 주의를 집중하는 데 많은 도움이 될 것이다.

5) 적극적 질문하기

경청할 때, 질문에 대한 답이 즉각적으로 이루어질 수 없다고 하더라도 질문하려고 하면 경청하는 데 적극적이 되고 집중력이 높아진다.

6) 내용 요약하기

경청할 때, 대화 도중에 주기적으로 대화의 내용을 요약하면 상대방이 전달하려는 메시지를 이해하고, 사상과 정보를 예측하는 데 도움이 된다.

7) 내용에 반응하기

경청할 때, 피드백은 상대방이 말한 것에 대해 당신이 이야기하고, 질문을 던져 이해를 명료화하고 난 다음에 하는 것이다. 피드백은 상대방에 대한 당신의 지각이 옳았는지 확인할 수 있는 기회로서 오해가 있었다면 고칠 수 있다고 해준다.

8) 경청의 바른 자세

경청할 때는 첫째, 상대를 정면으로 마주하는 자세는 그와 함께 의논할 준비가 되었음을 알리는 것이다. 둘째, 손이나 다리를 꼬지 않는 소위 개방적 자세를 취하는 것은 상대에게 마음을 열어놓고 있다는 표시이다. 셋째, 상대방을 향하여 상체를 기울여 다가앉은 자세는 자신이 열심히 듣고 있다는 사실을 강조하는 것이다. 넷째, 우호적인 눈의 접촉을 통해 자신이 관심을 가지고 있다는 사실을 알리게 된다. 다섯째, 비교적 편안한 자세를 취하는 것은 전문가다운 자신만만함과 아울러 편안한 마음을 상대방에게 전하는 것이다.

제2절 ｜ 경청의 핵심

1. 경청이란 무엇인가?

다른 사람의 말을 주의 깊게 들으며, 공감하는 것이 경청이다. 경청은 대화하면서 상대에 대한 신뢰를 쌓을 수 있는 최고의 수단이다. 우리가 경청을 신중하게 하면 상대는 본능적으로 안도감을 느끼고, 경청하는 우리에게 무의식적인 믿음을 갖게 된다.

2. 긍정적인 경청방법

1) 공감하는 자세

경청을 하려면 우선 상대방과의 의사소통에서 항상 공감하는 자세가 중요하다. 상대도 경청자를 보면서 의사소통에 흥미를 갖게 되기 때문이다.

2) 미리 준비하기

올바른 경청을 하려면 강의에 등장하는 용어에 친숙해지도록 미리 읽어두는 것이 좋다.

3) 산만하지 않게 집중하기

말하는 사람의 모든 것에 집중해서 적극적으로 들어야 도움이 된다.

4) 미리 예측하기

경청하는 경우, 대화하는 동안 시간 간격이 있으면, 다음에 무엇을 얘기할 것인가를 예상하려고 노력한다.

5) 나 자신과 관련짓기

경청하는 경우, 상대가 전달하려는 메시지가 무엇인지를 파악해 보고 자신의 삶, 목적, 경험 등과 관련시켜 본다.

6) 가능한 질문하기

경청하는 경우, 질문에 대한 답이 즉시 이루어질 수 없어도 질문을 하려고 하면 경청하는 데 적극적이 되고 집중력도 높아진다.

7) 대화를 요약하기

경청하는 경우, 대화 도중에 주기적으로 대화의 내용을 요약하면 상대가 전달하고자 하는 메시지를 이해하고, 사상과 정보를 예측하는 데 도움이 된다.

8) 피드백하기

경청하는 경우, 피드백은 상대가 말한 것에 대해 당신이 이야기하고, 질문을 던져 이해를 명료화하고 난 다음에 하는 것이다.

3. 경청을 방해하는 요인

1) 대화하며 시선 피하기

경청하는 경우, 대화하면서 상대와 시선을 맞추는 것이 중요한데 관심 없는 표정으로 시선을 피한다면 좋은 결과를 기대하기는 어렵다.

2) 미리 짐작하기

경청하는 경우, 상대방의 말을 믿고 받아들이기보다 자신의 생각에 들어맞는 단서들을 찾아 자신의 생각을 확인하는 것을 말한다.

3) 사전에 대답 준비하기

경청하는 경우, 처음에는 상대방의 말을 듣고 곧 자신이 다음에 할 말을 생각하기에 바빠서 상대방이 말하는 것을 잘 듣지 않는 것을 말한다.

4) 내용 걸러내기

경청하는 경우, 상대방의 말을 듣기는 하지만 상대방의 메시지를 긍정적으로 듣는 것이 아닌 경우이다.

5) 잘못된 판단하기

경청하는 경우, 상대방에 대한 부정적인 판단으로 인해, 또는 상대방을 비판하기 위해 상대의 말을 듣지 않고 무관심한 경우이다.

6) 엉뚱한 생각하기

경청하는 경우, 상대방에게 관심을 기울이는 것이 점차 더 힘들어지고 상대가 말할 때 자꾸 다른 생각을 하게 된다면, 이는 현실에 대한 불만족을 나타내는 것으로 현 상황을 회피하고 있다는 신호이다.

7) 지나치게 조언하기

경청하는 경우, 어떤 사람들은 지나치게 다른 사람의 문제를 본인이 해결해 주고자 하지만 부작용만 발생한다.

8) 주제에 관심 없이 언쟁하기

경청하는 경우, 나와 단지 다른 목적으로 반대를 위한 논쟁에만 신경을 쓴다면, 좋은 경청의 자세가 아니다.

9) 나는 무조건 옳다

경청하는 경우, 자존심이 강한 사람일수록 자기 자존심에 대한 이유로 상대의 의견을 전부 막아버리려 하기 때문에 자신의 부족한 점에 대한 상대의 말을 들을 수 없게 된다.

10) 상대방 비위 맞추기

경청을 하는 경우, 상대방을 위로하기 위해서 혹은 비위를 맞추기 위해서 너무 빨리 동의하는 것을 말한다.

4. 경청 훈련방법

1) 주의를 기울이기

경청하는 경우, 주의를 기울여 말하는 상대방을 바라보거나, 듣거나 따라 한다. 상대방의 이야기에 주의를 기울일 때는 정성을 다해서 들을 수 있어야 하고 자신의 관심을 상대에게 충분히 보여줄 수 있기 때문이다.

2) 상대의 경험을 존중하기

경청하는 경우, 상대의 경험을 인정하면서 더 많은 정보를 요청한다. 다른 사람의 메시지를 인정하는 것은 당신이 그와 함께하며 그가 원하는 방향으로 따라가고 있다는 것을 언어적·비언어적인 표현을 통하여 상대방에게 알려주는 반응이기 때문이다.

3) 요약하는 기술의 필요성

경청하는 경우, 정확성을 위해 요약한다. 요약하는 기술은 상대방에 대한 자기 이해의 정확성을 확인하는 데 도움이 될 뿐만 아니라, 자신과 상대방을 서로 알게 하며 자신과 상대의 메시지를 공유할 수 있도록 한다.

4) 질문은 다양하게

경청하는 경우, 개방적인 질문을 한다. 개인적인 질문은 보통 '누가, 무엇을, 어디에서, 언제, 어떻게'라는 어휘로 시작되는데 이는 단답형 질문이나 반응보다 상대의 다양한 생각을 이해하고, 상대로부터 보다 많은 정보를 얻기 위한 방법으로서 이로 인하여 서로에 대한 이해의 정도를 높이기 때문이다.

5) 질문 피하기

경청하는 경우, '왜'라는 질문은 피하는 것이 좋다. '왜'라는 질문은 보통 진술을 가장한 부정적·추궁적·강압적인 표현이므로 사용하지 않는 것이 좋다.

경청의 중요성에 대해 기술하시오.

◉ 기초직업능력(경청능력) 체크리스트

구분	문항	매우 미흡	미흡	보통	우수	매우 우수
A-2-다 경청 능력	1. 경청의 개념을 설명할 수 있다.	1	2	3	4	5
	2. 나는 경청의 중요성을 설명할 수 있다.	1	2	3	4	5
	3. 나는 올바른 경청을 방해하는 요인을 설명할 수 있다.	1	2	3	4	5
	4. 나는 효과적인 경청방법에 대해 설명할 수 있다.	1	2	3	4	5
	5. 나는 경청훈련을 통하여 올바른 경청방법을 실천 할 수 있다.	1	2	3	4	5

출처 : 한국산업인력공단

• 체크리스트 합이 20점 이상인 사람은 의사표현에 양호한 편이고, 15점 이하인 사람은 더욱 분발하여 발전해야 한다.

글로벌시대의
의사표현스킬

Chapter 8 의사표현의 이해

CHAPTER >>>

의사표현의 이해

제1절 | 의사표현의 이해

1. 의사표현

의사표현이란 자신의 생각과 의지를 타인에게 정확하게 알리는 것이다. 즉 한마디로 말하기이다. 의사표현은 우선 말과 글, 그리고 행동 등으로 표현할 수 있다. 여기에서 음성언어는 입으로 표현하는 구어이고, 신체언어는 태도의 부문으로 동작, 표정, 손짓, 발짓 등으로 표현하며, '말'이 우리 생활에 미치는 영향은 매우 크기 때문에 제대로 말하는 방법에 대한 노력이 필요한 것이다.

또한 의사표현은 의사소통의 중요한 수단이고, 말하는 이의 의도 또는 목적을 가지고 그 목적을 달성하는 데 효과가 있다고 생각하는 말하기를 뜻한다. 의사소통의 중요한 수단인 말하기는, ① 말하는 이가 듣는 이에게 어떤 영향을 미치기 위하여 주장하는 것으로 말하는 이는 듣는 이의 생각을 변화시키려는 의도가 있고, ② 의사소통에 필요한 정보를 제공받기 위하여 질문을 하거나 어떤 일을 해주도록 요청할 때 이용하는 것이다.

◈ 사례연구 8-1

의사표현능력이란 말하는 사람이 자신의 생각과 감정을 듣는 사람에게 음성언어나 신체언어로 표현하는 능력이다. 의사표현은 의사소통의 중요한 수단으로 직장인들이 개인이나 조직 간에 원만하게 관계를 유지하고 업무성과를 높이기 위해서는 필수적인 능력이다. 해야 할 말을 자신 있게 말하는 사람이야말로 진정 용기 있는 사람이다. 자신의 능력을 제대로 표현하기 위해서는 효과적인 의사표현능력을 갖추어야 한다.

– 한국산업인력공단

2. 의사표현의 종류

의사소통 시 상황이나 사태와 관련해서는 공식적 말하기, 의례적 말하기, 친교적 말하기로 구분되고 구체적으로는 보고, 대화, 토론, 연설, 소개하기, 전화하기, 안내하기 등이 있다.

1) 공식적 말하기

공식적 말하기는 의사소통 시 사전에 준비된 내용을 대중에게 말하는 것으로, 공식적 말하기에는 토론, 연설, 토의 등이 있는데, 토론은 어떤 논제에 관하여 찬성자와 반대자가 각기 논리적인 근거를 발표하고, 상대방의 논거가 부당하다는 것을 명백하게 주장하는 것이다.

연설은 말하는 사람 혼자 여러 사람을 대상으로 자기의 사상이나 감정에 대해 일방적으로 말하는 방식이며, 토의는 여러 사람이 모여서 공통된 문제에 대하여 가장 좋은 결론을 내기 위해 협의하는 것이다.

2) 의례적 말하기

의례적 말하기는 의사소통 시 정치적·문화적 행사에서와 같이 의례 절차에 의해 진행하는 말하기로서, 예를 들면 식사, 주례, 회의 등이 있다.

3) 친교적 말하기

친교적 말하기는 의사소통 시 매우 친근한 사람들 사이에서 가장 자연스럽게 떠오르는 대로 주고받는 대화, 즉 말하기이다.

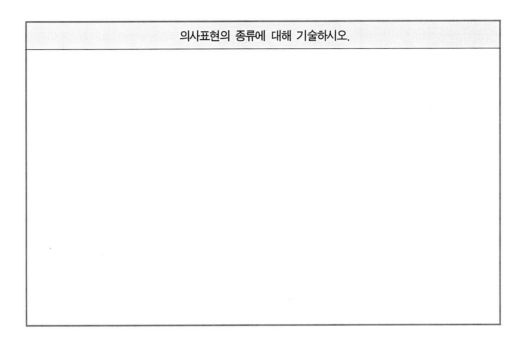

의사표현의 종류에 대해 기술하시오.

제2절 | 의사표현의 중요성

1. 의사표현의 중요성

말에는 눈에 보이지 않는 힘이 존재한다. 그것이 비록 물리적인 힘은 아니지만, 말로 인해 사람들은 상처를 받기도 하고, 용기를 얻기도 하고, 사랑하는 이들은 말로써 사랑의 감정을 표현한다.

의사표현, 즉 말이 그 사람의 이미지를 결정한다. 누구든지 말을 할 때, 영상으로 대화할 때는 상대가 잘 기억한다는 것을 알고 있을 것이다.

마치 그림을 그리듯이 언어를 이용해서 이미지를 만들어내면, 그 미학적 효과로 인하여 그 말은 살아 있고 좀 더 역동적으로 상대에게 전달되는 것이다. 그러나 우리의 말에는 더욱 강력한 힘이 있다.

1) 말의 표현방식

의사소통 시 어투나 말의 표현방식, 즉 대화의 수준으로 그 사람의 인격과 성품을 미루어 짐작할 수 있다. 물론 보이는 것이 사람의 전부는 아니지만, 일반적인 사회생활에 있어서 타인에게 호감을 주고 긍정적인 이미지를 형성하는 데 말만큼 중요한 게 없다고 할 수 있다.

대화를 함에 있어서는, 상대를 이해하고 배려하는 마음이 우선시되어야 한다. 자신의 말투나 잘못된 표현방식으로 상대가 오해하지 않도록 해야 한다. 거짓 없이 사실적으로 말하되, 진솔하고 진지해야 하며, 비위 맞추기나 아부가 아니면서 상대의 기분을 상하지 않도록 하는 것이 중요하다.

2) 대화의 성숙함

의사소통 시 대화의 기술이나 표현방식의 성숙함은 많은 자기 수양과 지식의 겸비에 있다. 다듬어지고 세련된 대화를 하는 것은 자존감을 높일 뿐만 아니라, 상대의 감정과 대화 결과에 있어서도 효과적이다. 부드러우면서 정확한 의사전달이 대화의 기술에 있어서 핵심이며, 상대의 기분을 상하지 않게 하면서 자신의 의견을 피력하고 관철시키는 것이 중요하다.

3) 화룡점정의 이미지

의사소통 시 화룡점정처럼 언어로 그리는 이미지로 인해서 우리의 이미지가 형상화될 수 있다. 즉, 우리가 자주 하는 말로 우리의 이미지가 결정되곤 한다. 세상살이에서 말로 먹고 사는 직업을 가진 사람이 아닐지라도, 자신의 운명은 말과 함께하게 된다. 우울증에 걸린 사람은 걸핏하면 죽고 싶다고 한다. 죽고 싶다는 말을 통해서, 실상 살고 싶다는 인간 본연의 진심은 사라져버리고, 그의 사고를 착각하게 만들고 그의 마음을 병들게 하는 것이다.

그렇다면 우리도 말을 통하여 이미지를 바꾸는 것이 가능할 것이다. 말을 긍정적인 방법으로 바꿈으로써 자기 자신의 이미지를 좋게 할 수 있다.

◈ **사례연구 8-2**

피터 드러커 박사는 "인간에게 가장 중요한 능력은 자기표현이며, 현대는 의사소통에 의해 좌우된다"고 언급했다. 해야 할 말을 자신 있게 하는 사람이야말로 진정 용기 있는 사람이다. 오늘날은 의사표현의 시대이므로 표현을 못하면 자신의 능력을 충분히 표출하기 어렵다. 반면에 의사표현을 잘 하면 인생의 목적을 쉽게 달성할 수 있게 된다.

– 한국산업인력공단

---

2. 성공을 위한 의사표현 이미지

의사표현을 하면서 성공하는 사람의 이미지를 갖기 위해서는, 본인의 사고를 긍정적으로 가지는 것이 중요하다.

1) 긍정적인 말투 사용

의사표현을 할 때 부정적인 말투를 고쳐야 한다. 무엇을 보던지 부정적으로 평가하는 사람이 있는데, 비평가도 아니면서 아닌 것부터 부정적인 것부터 말하는 사람이 있다.

무엇이든지 긍정적으로 말하는 습관을 가지자. 긍정적으로 말하고 힘이 부족하면 도움을 요청하고 감사의 말을 더 많이 하고 있는지를 돌이켜보자. 그러면 우리의 이미지와 환경이 긍정적인 모습으로 바뀌게 될 것이다.

2) 대화에의 공감성

상대의 말에 공감을 하자. 가장 쉽게 다른 이에게 친절을 베풀 수 있는 것은 무엇인가? 그것은 상대의 말을 듣고 그럴 수도 있다고 생각하는 것이다. 그리고 상대가 원하는 대답을 해주는 것이다.

분명 그것이 정답은 아니지만, 상대는 매우 고마워할 것이며, 우리도 그에게 긍정적인 대답을 들을 수 있다는 것이다. 남에게 기분 좋은 말을 하면, 그에게서 기쁨이 되는 말을 들을 수 있다. 그리고 그런 말을 자주 듣게 되면, 우리의 이미지도 스스로 기뻐할 만한 모습으로 변할 것이다.

3) 대화패턴 고려

자신의 대화패턴을 주의 깊게 살펴보자. 기회가 된다면 자기가 다른 사람과 대화하는 것을 녹음해서 들어보자. 불필요한 어휘나 부정적이거나 거부감을 주는 표현을 많이 쓰지는 않는지, 또는 상대가 알 수 없는 전문용어나 거부감을 주는 표현을 많이 사용하지 않는지를 확인해 볼 필요가 있다.

그래서 자신의 언어사용 패턴을 바꾸어보자. 얼마 지나지 않아 자신의 이미지도 변하고 삶의 모습도 변하게 될 것이다.

4) 과소평가 안 됨

자신을 너무 과소평가하지 말아야 한다. 이 말은 낮은 자존감과 열등감으로 자기 자신을 대하지 말자는 뜻이다. 안 좋은 일이 생기면, "못 배운 게 문제지." 혹은 "가난한 게 죄지"라고 말하는 분들이 있다. 이런 표현은 잠시 보면 예의 바르고 순진하게 보일지 모르지만 필요한 경우가 아니면 그렇게 해서 자신의 모습을 비하시키지 않아야 한다.

◆ 사례연구 **8-3**

코카콜라는 1985년도에 전문가, 소비자 대표, 마케팅 기획사 등 그룹 내에 전문가집단을 구성하여 기존보다 더 맛이 좋고 품질 좋은 콜라를 생산하는 데 성공했다. 막상 시장에 내놓자 고객들이 비난하고 나선 것이다. 어려서부터 내 입맛에 길들여진 콜라를 내놓으라는 것이다. 콜라 먹으며 할머니 품에서 옛날얘기 듣던 그 시절에 대한 추억과 그리움이 콜라에 배어 있는 것이다. 평생고객을 창출한 대표적인 사례이다.

― 임봉영(2012)

제3절 | 의사표현의 방해요인

1. 의사표현의 방해요인

의사표현을 하는 데는 언어적인 면과 비언어적인 면이 있다. 의사표현에 영향을 미치는 요소는 많지만 우선 말, 음성, 몸짓, 연단 기피, 유머 등에 대해 기술한다.

1) 말의 의미

말의 중요성은 아무리 강조해도 부족하지 않다. 말은 한번 내뱉으면 돌이킬 수 없으므로 책임 있는 말을 해야 한다. 가능하면 솔직하게 상대에게 의사표현을 해야 한다. 즉, 우리의 말은 마치 있어야 할 것이 없는 듯한 느낌이 들면 편안함이 없어진다.

말을 할 때 중요한 요소인 고저, 장단, 발음, 속도, 쉼, 띄워 말하기 등에 대하여 살펴보자.

첫째, 우리말에는 낱말의 구조에 따라 소리남에 차이가 생기는 고조현상이 있다. "암행어사 출두요!" 할 때 어사의 '어'음이 보통 '어린이'의 '어'음과는 소리나는 것이 다르다. 또한 "우리는 ～ 해야 합니다. 그렇지 않습니까, 여러분!"이라는 문장에서 '여러분'을 올리는 경우와 같이 선거연설에서도 흔히 들을 수 있는 발성 중의 하나이다. 물론 동의를 구하려는 의도에서 이렇게 표현하는 것이다.

둘째, 장단은 한 음절을 얼마나 오래 끌며 발음하는지를 뜻한다. 소리의 길이도 우리말에서 그다지 큰 문제가 되지는 않지만 같은 '말'이라는 단어도 짧게 발음하면 말(동물)이 되고, 길게 발음하면 말(언어)이 되어 의미가 달라진다. 우리말은 외국어와 달리 단어를 발음할 때 악센트엔 별로 신경을 쓰지 않고 단지 그 길이, 즉 장단만으로 구분한다.

셋째, 말은 의사전달을 위한 것이다. 그런데 발음이 정확하지 못하면 말하고자 하는 내용을 상대가 정확히 파악하기 어렵다. 발음이 분명하지 못한 사람들은 대부분 한 구절의 끝부분을 얼버무린다. 사투리에 젖어 있는 사람도 마찬가지이다. 발음 등을 정확하게 하기 위해서는 천천히 복식호흡을 하여 깊은 소리를 내며 침착하게 이야기하는 습관이 필요하다. 발음을 바르게 내는 기본요령은 다음과 같다. ① 호흡을 충분히 한다. ② 목에 힘을 주지 않는다. ③ 입술과 혀와 턱을 빨리 움직인다.

넷째, 말할 때 속도에 의도적으로 변화를 주면 말하는 사람의 감정을 실어 표현할 수 있다. 날카롭게 또는 화나서 말하면 말이 빨라진다. 그리고 정중하게 또는 상냥하게 말하면 다소 느려진다. 중간 속도라는 것은 속도가 너무 빠르지 않게 말하는 것을 의미한다. 여러 사람 앞에서 말할 때는 어느 정도의 속도가 가장 적당할까? 발표할 때 말의 속도는 10분에 200자 원고지 15장 정도로 하는 것이 적당하다. 말의 빠르기는 이 기준보다 얼마나 많은 말을 하느냐를 가리킨다. 빠르게 말하면 내용 전개가 빨라지기 때문에 청중이 듣기에 급급해서 생각할 겨를이 없게 되고 들어야 할 메시지를 놓친 것이 있다고 느낀다. 또한 말을 빨리하는 것은 말하는 사람이 바쁘고 성의 없다는 느낌을 주게 된다.

다섯째, 쉼이란 이야기 속에 주어지는 침묵의 시간을 말한다. 이는 심리적 효과를 증대시키기 위하여 의식적으로 말을 끊는 것으로 이를 잘 활용함으로써 논리성, 감정제고, 동질감 등을 확보할 수 있다. 듣기 좋은 속도의 이야기에서 숨의 총량은 이야기 전체의 35~40%가 적당하다는 주장이 있다.

여섯째, 띄어 말하기는 분절에 의해 문장의 전후가 구분되는 호흡단위이다. 이러한 음성 분절의 원인은 여러 가지다. ① 발화 시라도 숨을 들이쉬면 발음 운동이 일시 정지되고, ② 이야기를 남에게 쉽게 이해시키려면 일시 발언이 멈춰지고, ③ 국적 표현일 때 발언의 일시 공백이 필요한 경우가 있다. ④ 말을 잘못했을 때 역시 음성이 분절된다.

2) 음성의 의미

좋은 음성이란 개인의 취향, 시대, 지역, 직업에 따라 그 기준이 달라질 수 있다. 영국 아나운서 켈리가 "100명 중 5명만이 좋은 음성을 타고났다."라고 했듯이, 우리는 자기 음성의 결함을 발견하고 그것을 고쳐보려는 노력을 부단히 해야 한다.

즉 녹음기에 자신의 스피치를 녹음해서, 음성, 고저, 명료도, 쉼, 감정이입, 완급, 색깔, 온도 등의 면에서 자기 목소리의 진상을 점검해 보아야 한다. 목소리는 메시지 전달뿐만 아니라 화자에 대한 인상을 반영한다. 즉 약하고 여린 목소리는 화자의 용기와 열성을 감소시키며, 단조로운 목소리는 내적 열정을 잠자게 한다.

시각표현과 마찬가지로 청각표현도 청자의 주의를 환기시킨다. 좋은 목소리를 위해서는, ① 편안한 마음으로 경청할 수 있는 적절한 크기, ② 분명하고 명확한 음성, ③ 음성에는 온도와 색깔이 있으므로 내용에 따라 음성을 변화시키는 요령을 습득한다. 즉 단어의 의미를 확산시키고 주의를 집중시키기 위하여 우리는 음성을 변화시켜야 한다. ④ 목소리는 그 사람의 개성, 연령, 인생체험의 깊이와 밀접한 관련을 갖는 만큼 개인의 여건에 맞는 진실된 목소리를 가져야 한다.

3) 몸짓의 의미

우리는 모두 정도는 다르지만 의사표현을 할 때 두려움을 느낀다. 이 공포증을 감소시키기 위해 우리는 준비를 하고, 심리적 불안을 정상적인 것으로 생각하여 안정을 회복하며, 내용에 맞는 제스처로써 오히려 긍정적인 방향으로 전환해야 한다.

성공적인 화자는 언어적 요소와 비언어적 요소를 잘 결합해서, '어떻게' '무엇을' 이 일치되도록 노력한다. 청자에게 인지되는 비언어적 요소는 대체로 화자의 외모, 동작 등을 들 수 있다.

첫째, 외모 면에서 볼 때 자세, 복장, 얼굴 표정이 청자에게 보낼 수 있는 모든 신호일 것이다. 몸동작이 기초가 되는 것은 화자의 자세이다. 여기서도 자연스러운 자세가 좋다. 그러나 실제 문제는 어느 사람에게나 공통적인 좋은 자세가 있는 건 아니라는 것이다. 좋은 자세란 화자의 몸이 정상적일 때를 말한다. 가령, 화자가 근육을 움직여도 어색하거나 부자연스러운 점이 없고, 또 호흡이나 발성에 부담을 주지 않는 자세가 좋은 것이다.

둘째, 동작 면에서 볼 때 화자의 동작은 그것이 의도적이든 아니든 청자에게 어떤 의미를 부여한다. 화자가 잠시 말을 멈추고 한 발짝 청중에게 다가갔다면, 그것은 상황에 따라 "나의 신념을 믿으시오.", "중요한 말을 하고자 합니다." 등의 의미를 가질 것이다. 또한 몸을 전후좌우로 한 발짝 옮긴다면 이것은 사상의 이전 또는 변화를 의미할 수 있다. 이러한 동작에서 화자의 정신상태, 태도, 여건, 역할, 생명력 등이 은연중에 표출되는 것으로 보인다. 이것은 역으로 필요시 동작의 통제도 같은 효과를 나타낼 수 있음을 뜻한다.

4) 연단 두려움의 의미

일반인은 연단에 섰을 때, 정도의 차이는 있지만 누구나 가슴이 두근거리고 입술이 타고 식은땀이 나고 얼굴이 달아오르는 생리적인 현상을 느끼게 된다. 독일의 가수 슈만 하이크는 "음악회에서 노래를 부를 때 심리적 긴장감을 갖지 않느냐?"는 한 기자의 질문에 대해 "노래하기 전에 긴장감을 느끼지 않는다면, 그때는 내가 은퇴할 때다."라고 연단 두려움에 대해 솔직하게 고백한 바 있다.

또한 영국의 작가 버나드 쇼도 젊은 시절 매우 내성적이었기 때문에 잘 아는 사람의 집을 방문할 때도 그 집의 문을 두드리지 못하고, 20분이나 문 밖에서 망설이며 거리를 서성거렸다고 한다. 이러한 그가 자신의 내성적인 성격을 극복하기 위해 런던에서 공개되는 모든 토론에 의도적으로 참가한 결과 장년에 이르러서야 자신감 넘치는 웅변가가 될 수 있었다고 한다.

이와 같이 연단 두려움은 개인의 심리상태가 아니라, 90% 이상의 사람들이 호소하는 불안이다. 연단 두려움의 원인은 아직 분명하게 규명되지 않았다.

5) 유머의 의미

유머 없는 의사표현은 새 없는 정원에 비유될 수 있다. 또한 일정한 속도로 달리는 고속버스 같아서 청자에게 지루한 느낌을 준다. 그리고 진부한 웃음거리는 재탕한 한약 같아서 혀를 쏘지 못하고 입안만 텁텁하게 할 뿐이다.

그렇다고 하루아침에 유머러스한 표현을 할 수 있는 것은 아니다. 평소에 부단히 훈련해야만 자연스럽게 상황에 맞는 유머를 즉흥적으로 구사할 수 있는 것이다.

대체로 한국 사람은 유머 감각이 둔한 편이라고 할 수 있다. 영국인은 유머 감각 없는 사람이라는 말을 듣는 것을 가장 모욕적으로 느낀다고 알려져 있다. 여기서 우리는 영국인이 유머를 일상생활의 한 방편으로 활용하고 있음을 알 수 있다.

건전한 유머를 만끽하며 살아갈 수 있다면 우리의 일상은 더욱 즐겁고 유쾌해질 것이다. 하지만 고객과의 대화에서 불만사항을 처리하는 과정이라면 되도록 유머를 사용하지 않고 진지하게 고객불만을 처리하는 것이 좋다.

2. 의사표현 방해요인 극복방법

1) 말 연습방법

말하는 사람은 등이 의자 등판에 닿지 않도록 몸을 앞으로 조금 당기는 것이 좋고, 앉은 채로 키를 최대한 높일 수 있도록 상체를 위로 뻗는 편이 좋다. 또한 가장 큰 소리로 말하는 것처럼 가능한 한 성대와 목의 근육을 조이는 것이 좋고, 한꺼번에 긴장된 모든 근육을 풀어내는 것이 좋다.

가능한 몸을 이완시키고 똑바로 앉아 목과 목구멍의 근육이 완전히 이완되도록 하는 것이 좋다. 머리가 정상적인 자세보다 어깨에 더 가까워져야 좋고, 말하는 동안 하품하는 자세로 목의 근육과 목청을 유지할 수 있도록 하품을 해보고, 이러한 자세를 계속 유지하면서 짧은 문장을 크게 소리 내어 읽어보는 것이 좋다.

2) 음성을 좋게 하는 방법

말하는 사람이 숨을 얕게 들이마시면 목소리가 떨리기 때문에 숨을 깊게 들이마시는 것이 좋고, 음가를 정확히 내기 위해서는 입을 크게 벌리는 것이 좋고, 입안이 타는 듯하면 소금을 먹는 것이 좋고, 긴장되면 껌을 씹는 것이 좋고, 당분과 지방질 음식이 성대 보호에 좋다. 특히 오미자차, 꿀, 과일, 주스, 사탕 등이 좋고, 술과 담배는 절제하고, 충분히 휴식을 취하는 것이 좋다.

3) 몸짓을 자연스럽게 하는 방법

말하는 사람은 두 다리를 너무 넓게 벌리지 않는 것이 좋고, 몸의 체중을 한쪽 다리에 의존하지 않도록 한다. 지나치게 경직된 자세를 피하는 것이 좋고, 갑자기 자세를 고치지 않는 것이 좋다. 뒷짐을 지거나 팔짱을 끼거나 손을 주머니에 넣지 않는 것이 좋다.

또한 화자와 청자의 시선을 연결시키는 것이 좋고, 시선을 골고루 배분하는 것이 좋고, 눈동자를 함부로 굴리지 않는 것이 좋고, 시선을 불안하게 두지 않는 것이 좋고, 대화의 내용과 시선을 일치시키는 것이 좋다.

4) 연단 두려움을 극복하는 방법

말을 할 때 익숙하지 못한 임무, 생소한 환경, 의사표현 성과에 대한 불안 등이 심리적 불안을 일으키는 요인이다. 이러한 요인들을 극복하려면 다음과 같이 하는 게 좋다.

첫째, 완전무결하게 준비하라. 둘째, 청중 앞에서 말할 기회를 자주 가져라. 셋째, 시간보다 더 많이 준비하라. 넷째, 충분히 계속하라. 다섯째, 처음부터 웃겨라.

여섯째, 심호흡을 하라. 일곱째, 청자를 철저히 분석하라. 여덟째, 청자를 호박으로 보라. 아홉째, 청자의 코를 보라 등이다.

5) 유머 활용방법

말을 하면서 자기의 실패담을 이야기하는 것이 좋고, 기발하고 참신한 자료를 찾는 것이 좋고, 한 단계 더 파고드는 것이 좋고, 습관적인 사고방식을 배제하는 것이 좋고, 청자 가운데 한 사람을 화제로 삼는 것이 좋고, 쾌활한 태도로 간단한 이야기를 임기응변식으로 처리하는 것이 좋다.

이야기를 빨리 하고 빨리 끝내는 것이 좋고, 서툰 유머는 좋지 않고, 무리하게 웃기지 않도록 한다. 청자를 염두에 두고 이야기를 선택해야 하고, 다른 사람의 기분을 상하게 하는 이야기는 하지 말아야 한다. 화자가 먼저 웃어버리면 좋지 않고, 진지한 내용의 연설을 전개할 때, 요점 보강에 주력하여 유머 삽입은 가능하면 피하는 것이 좋다.

제4절 | 상황에 따른 의사표현

1. 상황과 대상에 따른 의사표현

의사표현을 하다 보면 곤란한 말을 할 때도 있고, 불쾌한 감정을 타인에게 전해야 할 때도 있다. 상황과 대상에 따른 의사표현을 보면 다음과 같다.

1) 칭찬할 때

칭찬은 별다른 노력을 기울이지 않고 항상 상대를 기분 좋게 만든다. 그러나 자칫 잘못하면 아부로 여겨질 수 있으므로 과하면 안 되고, 센스 있게 칭찬해야 한다. 예로, 자신이 중요하게 여기는 것을 칭찬한다. 처음 만나는 사람에게 말할 때는 먼저 칭찬으로 시작하는 것이 좋다.

2) 잘못을 지적할 때

상대가 알 수 있도록 확실하게 지적하는 것이 좋다. 모호한 표현은 설득력을 약화시킨다. 상대의 잘못을 지적할 때는 먼저 상대와의 관계를 고려한다. 힘이나 입장의 차이가 클수록 저항이 적기 때문이다. 또한 지금 당장 꾸짖는 내용에만 한정해야지, 이것저것 함께 꾸짖으면 효과가 없다.

3) 부탁을 할 때

먼저 상대의 사정을 듣는다. "괜찮겠습니까?" 하고 상대의 사정을 우선시하는 태도를 보여준다. 그런 다음, 응하기 쉽게 구체적으로 부탁한다. 기간, 비용, 순서 등을 명확하게 제시하면 상대방이 한결 받아들이기 쉽다. 거절당해도 싫은 내색을 하지 말아야 한다.

4) 요구를 거절할 때

먼저 사과한 다음, 응해줄 수 없는 이유를 설명한다. 불가능하다고 여겨질 경우 모호한 태도를 보이는 것보다 단호하게 거절하는 것이 좋다. 거절하는 경우에도 테크닉이 필요하다. 정색을 하면서 '안 된다'고 딱 부러지게 말하면 상대가 감정을 갖게 되고, 자칫하면 인간관계까지 나빠질 수 있으므로 주의해야 한다.

특히 호텔과 같은 서비스업에서는 거절할 때 고객이 불만을 갖지 않도록 고려하여 정중하게 거절하고, 어려우면 지배인에게 도움을 청하는 편이 좋다.

5) 명령할 때

'이렇게 해라!' 식으로 하인 다루듯 강압적으로 말하기보다는 '이렇게 해주는 것이 어떻겠습니까?' 식으로 부드럽게 표현하는 것이 훨씬 효과적이다.

6) 설득할 때

일방적으로 강요하거나 상대에게만 손해를 보라는 식의 '밀어붙이기식' 대화는 금물이다. 먼저 양보해서 이익을 공유하겠다는 의지를 보여주어야만 상대도 받아들이게 된다. 따라서 자신이 변해야 상대도 변한다는 사실을 받아들여야 한다.

7) 충고할 때

사람들은 자신의 존재와 능력을 인정해 주고 칭찬해 주는 사람에게 마음을 열게 되어 있다. 자신에게 부정적이거나 거부반응을 보이는 사람에게는 결코 타협적이거나 우호적일 수 없다는 사실을 잊어서는 안 된다. 충고는 최후의 방법으로 꼭 해야 한다면 비유법을 들어서 하는 것이 좋다.

8) 질책할 때

질책화법에 샌드위치 화법이 있다. 샌드위치 화법이란 '칭찬의 말' + '질책의 말' + '격려의 말'처럼, 질책을 가운데 두고 칭찬을 먼저 한 다음 끝에 격려의 말을 하는 것이다. 그렇게 하면 듣는 사람이 반발하지 않고 받아들이게 된다. 혹 비난하고 싶은 생각이 들 경우, 비난하는 말은 결국 부메랑이 되어 자신에게 다시 돌아온다는 사실을 알아야 한다.

◈ 사례연구 8-4

기본은 똑같다고 생각한다. 나는 평소 자주 가는 화장품 가게가 있다. 다른 가게보다 가격도 낮고, 제품도 마음에 들어서 자주 방문하는 편인데 오늘은 투웨이케익을 사러 갔다. 콤팩트가 없는 것도 아니고, 색상이 잘 안 맞는 것 같아 적당한 것을 섞어서 쓰려고 간 것이다. 그런데, 지금 쓰고 있는 것도 괜찮으니 사지 말라고 한다. 또한 두 화장품은 성분이 확연히 달라서 함께 사용하면 피부에도 좋지 않다고 상냥하게 말해준다. 호텔직원인지라 이곳에서도 나는 서비스의 정신을 느낄 수 있었다.

– 한라호텔(1996)

제5절 | 원활한 의사표현방법

원활한 의사표현을 위해서는 다른 사람의 마음을 읽어낼 줄 알아야 한다. 좋은 말은 더 기분 좋게, 부담스러운 내용이라도 실망이나 다툼을 야기하지 않고 상호 이해할 수 있도록 부드럽게 처리하는 것이 좋다.

성의 있고 진실한 자세, 상대에 대한 관찰, 긍정과 공감에 초점을 맞추어 의사표현 기법을 습득한다면 안정감 있는 의사표현에서 인간관계를 좋게 이루는 것이 그리 어렵지는 않을 것이다.

1. 원활한 의사표현방법

1) 칭찬을 많이 하라

사람은 자신을 칭찬하는 사람을 칭찬하고 싶어 한다. 그러므로 남을 칭찬하는 것은 곧 나를 칭찬하는 것이다. 누구든지 한두 가지 장점을 갖고 있다. 그것을 알아내면 진심 어린 말로 용기를 북돋워준다. 간혹 거짓 찬사를 늘어놓는 사람이 있는데, 그럴 경우 오히려 관계를 더 뒤틀리게 할 수도 있으므로 주의해야 한다. 아첨인지 칭찬인지는 듣는 사람이 바로 알아차리기 때문이다.

2) 독서를 하라

대화는 일방적인 것이 아니라 주고받는 것이다. 따라서 상대와의 채널에 맞춘다는 기분으로 하는 것이 바람직한 의사표현법이다. 핵심은 구체적으로 짚되, 표현은 가능한 한 간결하게 한다. 중언부언은 가장 나쁜 의사표현 버릇이다. 상대가 말할 때 '지금 당신의 이야기를 이해하고 있다'는 신호를 보내면서 가능하면 끝까지 들어준다.

올바른 의사표현법의 기본은 독서에 있다. 유창하고 능숙한 말솜씨를 가지려면 풍부한 어휘력이 필요한데, 어휘력을 기르는 데는 독서, 즉 책을 읽는 것이 많은 도움을 준다.

3) 좋은 청중이 되어라

말을 잘하는 사람은 남의 말을 잘 듣는 사람이다. 평판 좋은 이들을 보면 대개 말수가 적고, 상대편보다 나중에 이야기하며, 다른 이의 말에 세심히 귀 기울이는 것을 알 수 있다. 의사표현의 목적을 파악한 뒤 그 기준에 맞추어 상대방의 말을 경청한다.

상대의 말이 채 끝나기 전에 어떤 답을 할까 궁리하는 것은 좋지 않다. 주의가 분산돼 경청에 몰입하는 것이 어려워지기 때문이다. 불필요한 감정, 시간적 소모 없이 생산적인 의사표현을 주도하기 위해서는 상대의 성격, 인품, 습관 등을 미리 파악하는 것도 한 방법이다.

4) 공감하라

의사표현을 할 때, 가장 쉬운 방법은 상대편의 말을 그대로 받아서 맞장구를 치는 것이다. "요즘 사업하기 너무 힘들어!"라는 말을 들었을 때, 곧 "정말 힘드시겠어요." 하고 맞장구를 쳐주면 상대가 편안함을 느낄 것이다.

사람은 자신의 희로애락에 공감하는 이들에게 안정감과 친근감을 느끼기 때문이다. 긍정의 기술도 필요하다. "요즘 어디 아프세요"라는 부정어를 말하면 상대는 기분이 안 좋아지고, 대화는 나쁜 방향으로 가게 되는 것이다.

항상 긍정적인 방향으로 적절한 감탄사를 동원하여 맞장구를 치거나 하면, 상대방은 당신이 자신의 말을 경청하고 있음을 확실히 알게 될 것이다.

5) 겸손하라

누구나 다른 사람 앞에서 자신의 장점을 자랑하고 싶은 심리가 있다. 그러나 이러한 욕구를 적정선에서 제어하지 못하면 만나는 게 부담스럽고 껄끄러운 사람으로 낙인찍힌다. 내면적으로 자신감을 갖고 있는 것과 잘난 척하는 것에는 큰 차이가 있다.

장점은 남이 인정해 주는 것이지, 자신이 애써 부각시킨다고 해서 공식화되는 것이 아니다. 또 너무 완벽해 보이는 사람에겐 거리감이 느껴질 수도 있으므로, 자신의 단점과 실패담을 앞세움으로써 더 많은 지지를 얻을 수 있다는 사실을 기억해야 한다.

6) 즉시 공개하라

비밀의 공유는 강력한 유대감을 불러온다. 좋은 관계를 유지하고 싶은 상대에게 먼저 자신의 속내를 드러낸다면 상당한 효력을 발휘할 것이다. 이는 곧 '나는 당신을 나 자신처럼 믿는다'는 신뢰의 표현이기 때문이다.

7) 숨기지 마라

의사표현을 할 때, 별것 아닌 일에도 버릇처럼 중의적인 표현을 사용하는 사람들이 있는데 이는 곧이곧대로 칭찬하거나 감탄하는 대신에 석연치 않은 뉘앙스를 풍겨 상대방을 몹시 기분 나쁘게 한다. 피해야 할 대표적인 어법 중 하나이다. 특수한 상황이 아니라면 비꼬거나 빈정대는 듯한 표현은 삼가는 것이 좋다. 산뜻한 칭찬과 비판은 의사표현의 격을 높인다.

반대로 단정적인 말은 금물이다. 따라서 같은 내용이라도 보다 완곡하게 표현할 수 있도록 훈련해야 한다.

8) 첫마디를 준비하라

의사표현에도 준비가 필요하다. 첫 만남을 앞둔 시점이라면 어떤 말로 이야기를 풀어갈지 미리 생각해 두는 것이 좋다. 재치 있는 말이 떠오르지 않을 때는 신문 또는 잡지를 참고하거나, 그날의 대화주제와 관련된 옛 경험을 떠올려보는 것도 한 방법이다.

사업상의 만남일 경우, 상대가 미처 생각지 못했을 법한 분야에 대한 지식을 한두 가지라도 쌓아두면 큰 도움이 된다.

9) 이성과 감성을 꾀하라

의사표현을 할 때, 논리적 언변은 대화를 이끌어가는 데 큰 힘이 된다. 그러나 이견이 있거나 논쟁이 붙었을 때 무조건 앞뒤 말의 '논리적 개연성'만 따지고 드는 자세는 바람직하지 않다. 그러한 자세는 사태 해결에도 도움이 되지 않지만, 설사 논쟁에서 승리한다 해도 두 사람의 관계를 예전으로 돌려놓는 것은 거의 불가능해진다.

학문적, 사업적 토론에는 진지하게 임하되 인신공격성 발언은 피하도록 한다. 또한 제압을 위한 논리를 앞세우지 말고, 합의를 위한 논리를 지향해야 한다. 논쟁이 일단락된 다음에는 반드시 서로의 감정을 다독이는 과정을 밟도록 한다. 논쟁자체가 큰 의미가 없는 것일 땐 감정에 호소하는 말로 사태를 수습하는 것도 나쁘지 않은 방법이다.

10) 문장을 알 수 있도록 말하라

의사표현을 할 때, 그냥 "됐어요"라고 하는 것보다는 "저 혼자 옮길 수 있습니다"라든지, "갈게요"보다는 "다녀오겠습니다"가 훨씬 단정하고 분명하다. 축약된 말은 자칫 무례하거나 건방지다는 느낌을 줄 수 있지만, 바른말로 이루어진 완전한 문장은 말하는 이의 품격을 높여줄 뿐 아니라 원활한 의사소통에도 도움이 된다.

11) 대화의 룰을 지켜라

좋은 의사표현에는 일정한 규칙이 있다. 첫째, 상대방의 말을 가로막지 않는다. 둘째, 혼자서 의사표현을 독점하지 않는다. 셋째, 의견을 제시할 땐 반론 기회를 준다. 넷째, 임의로 화제를 바꾸지 않는다. 우리가 익히 알고 있는 것들이지만 지키기는 쉽지 않다. 말을 주고받는 순서, 그리고 자기가 하려는 말의 분량을 늘 염두에 두고 있으면 실수를 줄일 수 있다.

2. 의사소통의 행동유형(DISC) 모델

의사소통의 행동유형은 상황과 환경에 따라 변화 가능하며 좀 더 높은 유형과 낮은 유형이 존재하게 되며 좀 더 높은 유형을 우리는 그 사람의 유형이라고 표현한다. 즉 DISC는, 주도형(dominance), 사교형(influences), 신중형(conscientiousness), 안정형(steadiness)에서 첫 글자를 따온 것으로, 미국 컬럼비아대학 심리학 교수인 William Mouston Marston 박사가 1928년에 독자적인 행동유형 모델을 도입하였다.

1) 주도형과 사교형

의사소통에서, 주도형은 목표 지향적이고 도전적인 유형으로 성과에 대한 욕구가 강한 사람들이다. 사교형은 낙천적이고 사람 중심의 유형으로 사회적 인정에 대한 욕구가 강하다.

2) 안정형과 신중형

의사소통에서, 안정형은 사람중심의 관계를 중요시하는 유형으로 안정된 상황을 추구한다. 신중형은 과업중심의 유형으로 분석적이고 정확하다. 자신에 대한 기준이 높기 때문에 업무에 대한 두려움도 있다.

〈표 8-1〉 DISC 행동유형별 특징

주도형	사교형	안정형	신중형
• 뚜렷한 성과를 냄 • 활기차게 행동함 • 도전을 받아들임 • 지도력 있음 • 빠르게 결정함	• 사람과 접촉함 • 호의적 인상을 줌 • 타인의 동기를 유발함 • 사람을 즐겁게 함 • 그룹에 참여	• 고정 직무를 수행함 • 인내심이 있음 • 직무에 전념함 • 타인을 배려하고 협력함 • 남의 말을 경청해 줌	• 세부사항에 신경씀 • 익숙한 환경 선호 • 정확한 일의 처리 • 사고방식 엄격 • 상황을 분석하고 위험요인을 파악함

출처 : 한국교육컨설팅연구소(2019)

의사표현의 중요성에 대해 기술하시오.

〈표 8-2〉 **의사표현의 오해를 풀기 위한 10가지 충고**

1. 명령하는 듯한 말을 쓰지 마라(반항을 일으키는 불씨다)
2. 비판보다 칭찬거리를 먼저 찾으라(칭찬해서 싫어할 사람은 없다)
3. 상대에게 호의 베푸는 연습을 시작하라(좋아하려고 노력하고 좋아지도록 연습해야 한다)
4. 상대방의 반항을 존중하라(반항은 단지 존재가치를 느끼고 싶기 때문이다)
5. 싸우지 마라[말이나 행동에 의한 적대 감정을 피하라(윽박질러 놓으면 결과는 손해다)]
6. 상대방이 틀렸다고 마구 꾸짖지 마라(틀리고 나쁜 점을 증명해 보라, 이점은 없다)
7. 큰 소리가 'NO'라는 뜻이 아님을 알라(80%는 반항임을 잊고 만다)
8. "나는 당신이 지금 어떤 기분인지를 압니다"라는 말을 애용하라(놀라운 효과가 있다)
9. 무언가 질문하고 그 얘기에 귀를 기울여라(진지하게 자기의 말을 들어주는 사람을 싫어할 사람은 없다)
10. 상대를 위해 기도하고 용서하라(사랑으로 감싸는 모습을 마음속으로 그려라)

출처 : 이창호(2007)

제6절 ┃ 설득력 있는 의사표현요령

1. 설득력 있는 의사표현요령

1) 침묵을 지키는 사람의 참여도 높이자

경험 많은 노련한 교사는 결코 아이의 머리를 쥐어박거나 야단치지 않는다. 떠드는 아이의 옆자리 아이에게 의도적으로 교과서를 읽힌다든지 질문에 답하도록 한다. 그렇게 하면 떠들던 아이는 당황하여 떠들기를 멈추고 수업에 집중한다.

이것은 일종의 간접적 설득이라고 할 수 있다. 자기 옆사람이 발언하면 무관심하게 앉아 있을 수 없는 것이 사람의 심리이다. 중간 관리자가 부하직원을 다루기 위해 자주 쓰는 방법인데, 실수를 범한 부하직원에게 직접 주의를 주지 않고 일부러 다른 부하직원을 꾸짖음으로써 그를 깨우치게 하는 방법이다.

2) 대답을 유도하여 미리 설득 분위기를 조성하자

'Yes'라고 긍정할 때는 몸의 생리구조가 이완되어 외부의 자극을 받아들이는 부드러운 상태가 된다. 단호하게 거절하는 사람은 NO라는 정신적 준비상태에 놓여 있으므로 거북한 표정이나 자세를 취하는 것이 보통이다. 이러한 사람에게 다짜고짜 자기 의견을 늘어놓으면 오히려 NO라는 마음을 더욱 확고히 해주는 꼴이 된다.

이때 상대방이 긴장을 풀고 반사적으로 'Yes'라고 대답할 수 있는 평범한 질문을 의도적으로 던져보는 것이 좋다. 특히 여성은 이러한 설득법에 약하다. 이처럼 난공불락인 상대의 마음을 돌리기 위해서는 상대방이 거절하는 이유를 찬사의 말로 바꾸어주면 효과가 있다.

3) 대비효과로 분발심을 일으키자

사물을 판단할 때 우리는 무의식 중에 여러 조건을 대비시켜 본다. 이쪽에서 어떤 조건을 제시하면 상대방은 일방적인 상식을 기준으로 그것을 판단하려 한다. 일반적인 판단 기준과 제시되는 조건을 대비시켜 그것을 평가하려는 것이 인간의 심리이다. 상대방에게 상식에 벗어나는 조건과 자기가 제시하고자 하는 조건을 동시에 제시해 보라.

이것이 소위 '대비효과'라는 것으로서 큰 손해를 입기보다는 작은 손해를 감당하는 것이 낫다는 심리에서 비교적 손해가 덜한 것을 선택하는 것이다. 이 세상에서 일어나는 모든 일은 상대적인 것이다. 따라서 어떤 현상에 대한 절대적인 평가나 판단기준은 있을 수 없다.

4) 상대방의 감정을 누그러뜨리자

우리는 집요한 항의나 요구에 압도되는 경우가 자주 있다. 듣는 쪽에서는 정말 어이없는 일이어서 그런 요구를 도저히 들어줄 수 없는데도 상대방은 상당히 강경하게 자기의 요구가 부당한 것이 아니라고 우길 때, "잘 알겠습니다."라고 더이상 말을 꺼내지 못하게 한다.

사실 '알겠습니다'라는 말에는 미묘한 뉘앙스가 담겨 있다. 말하는 편에서 보면 당신이 무엇을 말하려 하는지 알겠다는 의미이지만, 그렇다고 확답이나 승낙의 의미까지 포함하는 것은 아니다. 이러한 언어적 트릭을 사업상의 분쟁에 사용하면 효과적으로 대처할 수 있다.

5) 말을 멈추고 상대방의 주의를 끌자

강연을 하다가 어수선할 때 의식적으로 말소리를 낮추면 오히려 청중들이 귀를 기울인다. 강연이 아닌 개인과 개인의 대화에서도 마찬가지다. 한 사람은 열심히 말하는데, 전혀 맞장구도 치지 않고 관심을 보이지 않는 사람이 있다. 그런 태도로 나오는데도 이쪽 말만 계속하면 상대방은 대수롭지 않게 여기고 딴전을 피운다.

심리적으로 상대방이 우위에 있을 때 이런 경우가 많다. 말하는 사람이 집요하게 매달릴수록 상대방은 더 무시하는 태도를 취한다. 이쪽이 얼굴을 붉혀서 설득하려 할수록 상대는 소귀에 경 읽기로 더욱 쌀쌀한 태도로 나온다.

이미 이쪽의 이야기는 상대방에게 단순한 배경 음악으로밖에 들리지 않아 아무리 설득해도 소용이 없다. 이럴 때 소리를 갑자기 낮춘다든지 말을 멈춘다든지 목소리에 변화를 주면 마음의 문을 열게 되어 상대가 스스로 이야기를 들으려는 자세를 갖게 되는데 이때 설득을 해야 효과가 있다.

6) 호칭을 바꿔서 심리적 부담을 덜어내자

일반적으로 사람들은 거리가 멀다고 여기기 때문에 마음의 문을 잘 열지 않는다. 따라서 고의적이라는 인상을 주지 않는 범위 내에서 친근감 있는 호칭을 사용하면 의외로 빨리 심리적 거리감을 좁힐 수 있다. 반대로 상대방의 마음을 상하게 하지 않고 요구를 거절할 때는 의식적으로 존경어를 사용함으로써 상대방과 심리적 거리감을 두는 방법이 효과적이다.

이처럼 우리는 인간관계가 소원해지면 무의식중에 존경어를 사용한다. 따라서 친한 사이에 의식적으로 존경어를 사용하면 심리적 접촉을 피하려는 완곡한 의사표현이라고 할 수 있다. 상대가 조금 서먹해 할 수는 있어도 심리적 거리감 때문에 무리한 요구를 하기 어렵다는 것을 알게 될 것이다.

7) 넌지시 말하여 자존심을 건드리자

비즈니스 협상에서 상대와의 관계는 갑작스럽게 가까워질 수가 없다. 이러한 관계는 서로 상대의 눈치를 살피거나 속마음을 떠보는 등 표면적인 수준에 지나지 않는다. 그러나 이런 관계가 지속되면 협상이나 상담은 좀처럼 진전되지 않는다.

그럴 때 상대의 성격적 결함이나 단점을 넌지시 지적해 주는 것도 하나의 방법이 될 수 있다. "실례지만, 너무 지나치게 따지는 것 같은데요."라는 식으로 말하면, 상대에게 오히려 신선한 놀라움을 줄 것이다. 그 순간부터 당신에 대한 평가도 지금까지와는 달라질 것이다.

그러나 상대의 말을 지적하고 비판할 때는 말씨나 표현에 주의해야 한다. 무시하는 것이 아니라 애정이 담긴 충고라는 이미지를 남기는 것이 중요하다. 인간은 약간의 반발심리가 항상 존재하기 때문이다.

8) 정보전달은 공식을 이용하자

전보전달 공식을 이용하면 자기와 경쟁관계에 있는 사람에 대한 나쁜 평가를 유도해 내기 쉽다. 마치 다른 사람에게서 들은 것처럼 제3자에게 "이런 말이 있는데 사실일까"라는 식으로 말하는 것이다.

사람은 직접 이야기를 들어서는 믿지 못할 것도 전혀 이해관계가 없는 제3자에게서 들으면 더 잘 믿는 경향이 있다. 이런 기법을 이용하여 다른 사람을 기만해서는 안 된다. 처음부터 큰 전류를 흐르게 하면 충격을 크게 느끼지만, 전류의 강도를 서서히 높이면 그다지 큰 충격을 받지 않는다.

9) 상대의 불평이 가져올 결과를 강조하자

논란이 되는 문제를 상당히 중대한 것처럼 강조하면 상대는 사건의 중대성에 놀라 불평을 누그러뜨린다. 그 순간을 놓치지 않고 순리에 따라 설명하면 상대도 자기의 실수라고 솔직히 인정한다. 노사분규에서 노사 간에 타협점을 찾지 못하고 교착상태에 빠지는 경우가 많다.

주장이나 요구 등을 굽히지 않는 것은 자기의 주장이나 요구가 정당하고 타당하다고 믿기 때문이다. 그럴 때는 요구하는 상대보다 훨씬 비참한 사람, 불행한 사람을 예로 들어준다. "내가 잘 아는 회사가 요전에 도산해서 사원들은 불안한 나날을 보내고 있어"라고 말하면 조금은 이해할 수 있다. 또한 자신들이 너무 지나치다고 생각하고 기세를 누그러뜨릴 것이다.

10) 존경받는 사람의 말이나 작품을 인용하자

일반인들은 신분이나 잡지 서평에서 권위 있는 사람이 추천하는 책은 좋은 책이라는 생각을 하게 된다. 이것은 일종의 착각이다. 우리는 추천된 책과 추천자의 권위를 무의식적으로 동일시하고 있다. 이러한 심리는 일상생활의 여러 장면에서 나타난다.

이러한 심리효과는 절대적인 힘을 가진다. 그러므로 설득에 뛰어난 사람은 권위 있는 사람의 말이나 작품을 인용하여 자신의 말을 정당화시킨다. 주의할 점은, 저명인이나 권위자를 내세워 자기 말을 정당화하려 할 때는 상대가 무엇을 기대하고 무엇에 약한가를 사전에 알아두어야 한다는 점이다.

〈표 8-3〉 **성공적인 대화를 위한 지침**

1. 대화에서 얻기를 원하는 것이 궁극적으로 무엇인가.
2. 대화의 핵심을 파악하라.
3. 상대방에게 줄 수 있는 것은 무엇인가.
4. 구체적으로 얻고자 하는 바를 달성하기 위한 전략은 무엇인가.
5. 공감할 수 있는 분위기를 만들어 나간다.
6. 유머 화법을 활용한다.
7. 쌍방이 이익을 볼 수 있는 대화기법을 활용한다.
8. 언어 외적인 요소에 주력한다.
9. 적극적으로 경청하는 자세를 갖는다.
10. 자기중심적인 언어구사는 피한다.

출처 : 김양호(2001)

2. 설득력 있는 의사표현요령 플러스

1) 자신의 약점을 보여주어 심리적 거리를 좁히자

설득하려는 상대방의 심리적 에너지나 감정상태를 잘 파악해서 자신의 주장을 펼치는 것이 설득에서는 매우 중요하다. 설득하는 쪽이 실수 하나 없이 좀처럼 약점을 보이지 않는 우위의 입장에 있으면 상대방은 마음의 벽을 더욱 단단히 쌓아 마음의 문을 열지 않게 된다. 이러한 경우에는 일시적으로 자신의 약점을 털어놓아 상대방이 우월감을 갖게 하는 기법이 필요하다.

주의할 점은 약점을 진정으로 털어놓는 것이 아니라 제스처에 불과한 정도로 드러내야 한다는 것이다. 갈수록 마음의 벽이 두꺼워져 마음의 문을 열려고 하지 않을 때, 상대가 절대로 열등한 것이 아니고 인간은 누구나 약점이 있을 수 있다는 것을 인식시켜야 한다.

2) 이상과 현실의 차이를 구체적으로 확인시키자

가정에서도 용돈 인상, 귀가 시간 연장 등의 구체적인 문제로 자녀들의 요구가 많아지는 경우가 있다. 이때는 눈앞의 현실에만 집착하여 자신의 주장만을 늘어놓을 것이다. 이런 경우 평범한 설득으로는 물러서려 하지 않고 잔뜩 벼르고 있으므로 논리적인 설득도 별반 효과가 없을 것이다.

이때 구체적이고 현실적인 요구의 밑바탕에 있는 보다 근본적이고 추상적인 문제를 이끌어내는 것이 좋다. 이상이 현실에 부딪히면 결국 방향 전환을 해야 하므로 내 요구만으로는 살아가기도 어렵다. 이상을 내세우는 사람에게 반복적으로 제기하기 어려운 가장 큰 이유는 그것이 궁극의 목적이라고 우기기 때문이다. 그릇된 이상은 요구는 거부하면서 형식은 받아들이려 하는 것이다.

그렇다면 '(이상)=(형식을 요구로)=(형식)'으로 되돌리면 되지 않겠느냐는 것이다. 이것은 상대방으로 하여금 이상을 구체적으로 설명하게 하는 기법이다.

3) 본인의 잘못도 솔직하게 인정하자

자기 주장을 굽히지 않는 상대방에게는 '밀어서 안 되면 당겨보라'라는 전략을 사용하는 것도 한 가지 방법이 된다. 자기 주장을 일단 양보하여 의견의 일치를 보이는 자세를 취함으로써 강경한 태도를 굽히지 않던 상대방을 결국 이쪽으로 끌어올 수 있다.

155

회사에는 누군가의 제안에 논리적인 근거 없이 반대를 위한 반대를 하는 심술꾸러기부터 그날의 기분에 좌우되어 반대하는 이해심 없는 사람까지 여러 부류가 있다. 의논이라는 것은 대립할수록 반대 의견을 가진 사람은 더한층 강한 반대 의사를 나타낸다. 따라서 이러한 사람을 설득하여 자기 뜻에 따르도록 하려면, 일단 자기 의견을 양보하여 상대방의 의견에 따르는 척하는 것이 효과적이다.

다시 말하면, 분위기가 발전되어 이쪽이 주도권을 쥘 수 있는 상황으로 바뀐다. 공격형인 사람을 설득하던지 그의 집요한 추궁에서 벗어나려면 먼저 이쪽에서 솔직히 인정하는 것도 하나의 방법이다.

4) 동조심리를 이용하여 설득하자

인간은 동조심리에 의해 행동하는 경우가 많다. 한마디로 말하면 대부분의 다른 사람들과 같은 행동을 하고 싶어 하는 심리이다. 이 점은 유행이라는 현상을 생각하면 쉽게 알 수 있다. 다른 사람들과 같아지고 싶은 충동이 유행을 추구하게 만든다.

그러나 반감을 가지고 있을 때는 이러한 동조심리가 작동하지 않는다. 회사에 불만이 가득한 부하직원이 있다고 하자. 이런 부하직원을 회사 일에 적극적으로 협조하게 만들려면 그와 공동의 적을 만드는 방법이 있다. "이번에도 실적이 떨어지면 자네와 나는 지방 영업소로 밀려나겠지?"라는 식으로 가상의 적을 만들면 동조심리가 작용하여 불평만 늘어놓던 부하직원은 상사에게 협력하게 된다. 또한 라이벌 의식을 부추기는 것도 한 가지 방법이다.

5) 노고를 치하한 뒤 새로운 요구를 하자

상대방의 입장에 서서 지금까지의 노고를 치하할 필요가 있다. 상대에게 있어 가장 견디기 힘든 것은 지금까지 열심히 해온 일을 대수롭지 않게 여기는 경우이다. 그래서는 설득하기가 어려울 수밖에 없다. 그러므로 "당신들이 열심히 해온 것을 잘 압니다. 그러나 문제가 있는 것도 사실입니다."라고 강조하는 것이 중요하다.

이러한 몇 가지 요소가 더해지면 이야기 내용이 아무리 불쾌해도 불쑥 화를 내지 못한다. 이처럼 상대가 당연히 느낄 것이라고 생각하는 감정을 이쪽에서 미리 밝혀 감정을 드러내지 못하게 한 뒤 본론으로 들어가면, 상대는 아주 불쾌하게 신경을 건드리는 내용이라도 비교적 냉정하게 받아들인다.

6) 담당자가 대변자 역할을 하여 윗사람을 설득하게 하자

예를 들어 당신의 회사에서 개발한 신제품을 판매하기 위해 거래처를 방문했을 경우, 아무리 찾아가도 담당자가 좀처럼 반응을 보이지 않는다. 본인 마음대로 결정을 못하기 때문이다. 이런 경우는 우선 담당자의 상관이 어떤 사람인지를 파악하는 것이 좋다.

그런 후에 "당신 과장님은 숫자에 밝으시니까, 이런 숫자를 제시하면 당신을 다시 보게 되고 칭찬해 주실 것입니다."라는 식으로 상관을 설득하기 위한 힌트를 준다. 구체적인 방향을 제시하면 담당자는 단순한 전담 역할만 하는 것이 아니라, 세일즈맨 측의 대변자로서의 역할도 하게 된다. 이러한 설득기술을 교묘하게 구사하여 성과를 거두어야 뛰어난 세일즈맨이라고 할 수 있다.

7) 약간의 양보로 기선을 제압하자

자기 논리의 약점을 인정함으로써 이론가처럼 자신하는 상대를 설득하는 전략으로 설득이 교착상태에 빠진 때에는 약간의 양보가 주효할 수 있다. 이럴 때는 모양만 갖출 정도로 양보하면 된다. 무엇보다도 상대방의 기선을 제압하여 양보하는 것이 비결이다. 그렇게 하기 위해서는 처음부터 어느 정도의 복선을 깔아둔다.

즉, 필요 이상으로 많은 요구를 하고는 "이것도 양보하고 저것도 양보하겠습니다. 그러나 이것만은,…"이라고 하여 자기가 바라던 선을 지키는 방법이다. 결국 상대를 도와줄 수 있도록 만드는 것이다.

8) 변명의 여지를 주고 설득하자

적극성 없이 우물쭈물하는 태도를 취하는 사람이라고 생각되면, 변명할 여지를

157

미리 만들어주어 책임감을 덜어줄 필요가 있다. 그런 다음 이야기를 진전시켜 나가면 이런 유형의 사람은 의외로 쉽게 설득된다.

우물쭈물하면서 책임을 전가하려는 사람에게는 한 방향으로 밀어붙이기보다는 빠져나갈 여지를 미리 만들어주는 것이 설득에 효과적이다. 말하자면 이것은 시간차 공격인데, 이런 인간관계 기법은 오랫동안의 체험에서 터득해야 한다. 전날 밤 온갖 생각을 짜내어 연애편지를 썼는데, 그 다음날 읽어보니 도저히 창피해서 보내지 못한 경험은 누구에게나 한 번쯤은 있을 것이다.

시간을 늦춤으로써 자기를 객관적으로 살펴볼 수 있었기 때문이다. 상대방의 반론을 봉쇄하고 이쪽의 주장을 관철하려 할 때도 이러한 인간의 심리를 이용하면 효과적이다.

9) 혼자 말하는 척하면서 상대의 잘못을 지적하자

예를 들어 한겨울에 난방이 너무 잘되어 사무실 안이 덥다고 할 경우, 이럴 때 다른 사람들은 보통 "창문 좀 열지 그래"라고 하지만, 그는 이렇게 한다. 무척 더운 표정을 지으며 "왜 이렇게 덥지?"라고 혼잣말을 한다.

이것을 두 번 정도 반복하면 가까이 있는 직원이 창문을 열게 된다. 꾸중을 들어도 별로 반성할 기미가 없는 사람들은 구체적인 대상에 대하여 꾸짖을 것이 아니라 막연하게 혼잣말하는 식으로 꾸짖을 때 더 알아듣는 경향이 있는 것 같다. 설득해야 할 상대에 따라서는 얼굴을 마주하고 설득할 수 없는 경우가 종종 있다. 상대가 선배라거나 신세를 진 사람일 때는 독백작전이 효과적이다.

설득력 있는 의사표현의 예를 들어보시오.

〈표 8-4〉 대화의 기술(설득작전)

1. 당사자가 아닌 제3지를 예로 들어라. 2. 자기의 부족한 면을 먼저 시인하라. 3. 상대를 자기의 입장에 세워라. 4. 상대의 실수를 감싸주어라. 5. 자기 자랑을 마음껏 하게 하라. 6. 정답고 부드러운 어조로 말하라. 7. 상대의 입장에서 말하라. 8. 구체적인 예화나 실례를 들어라. 9. 설득의 장애를 유리하게 이끌어라.

출처 : 김양호(2001)

제7절 | 의사표현의 핵심

1. 의사표현이란 무엇인가?

인간은 누구나 의사표현을 하면서 살아간다. 즉 의사표현은 한마디로 말하기이다. 말하는 이가 자신의 생각과 감정을 듣는 이에게 음성언어나 신체언어로 표현하는 행위이다.

1) 음성언어

의사표현에는 음성언어와 신체언어가 있는데, 음성언어는 입말로 표현하는 구어이다.

〈표 8-5〉 **동작으로 알아보는 심리적 의미**

동작	심리적 의미
수직으로 다리 꼬는 자세	불안, 어색하거나 방어적인 태도
다리를 꼬고 선 자세	낯선 사람들 사이에서 긴장하거나 신뢰 못 함
발목을 꼬고 있는 자세	방어적 태도
어깨를 으쓱하는 제스처	상대방 말을 이해하지 못하거나 모름을 표현
대화 중의 눈 마주침	상대방에게 흥미나 매력을 느낀 경우
곁눈질하는 제스처	관심이나 적대감을 전달
눈 감은 제스처	싫증이 났거나 관심이 없을 때
팔짱을 낀다	지루하다
다리를 떤다	일종의 불안심리를 표현
대화 중 발의 방향	상대방에 대한 마음의 방향

출처 : 박소연 외 2인(2012)

2) 신체언어

신체언어는 신체의 한 부분인 표정, 손짓, 발짓, 몸짓 따위로 표현하는 몸말을 의미한다.

2. 의사표현의 중요성

의사표현이 중요한 이유는 의사표현, 즉 말이 그 사람의 이미지를 결정하기 때문이다.

3. 의사표현 방해요인

의사표현의 방해요인으로는 말, 음성, 몸짓, 연단기피, 유머 등이 있다.

1) 말의 의미

말의 장단, 고저, 발음, 속도, 쉼, 띄어 말하기를 포함한다.

2) 음성의 의미

자신의 목소리로 음성, 고저, 명료도, 쉼, 감정이입, 완급, 색깔, 온도 등을 의미한다.

3) 몸짓의 의미

청자에게 인지되는 비언어적 요소로 대체로 화자의 외모, 동작 등을 의미한다.

4) 연단 두려움의 의미

연단에 섰을 때, 정도의 차이는 있지만 누구나 가슴이 두근거리고 입술이 타고 식은땀이 나고 얼굴이 달아오르는 생리적인 현상이다.

5) 유머의 의미

웃음을 주는 것으로 흥미 있는 이야기나, 풍자 또는 비교 내지는 반대표현, 모방, 예기치 못한 방향 전환, 아이러니 등의 방법을 활용한다.

4. 원활한 의사표현방법

원활한 의사표현을 위해서는 ① 독서를 많이 하자. ② 좋은 청중이 되자. ③ 칭찬을 많이 하자. ④ 공감하고, 긍정적으로 보이게 하자. ⑤ 겸손은 최고의 미덕임을 잊지 말자. ⑥ 과감하게 공개하자. ⑦ '뒷말'을 숨기지 말자. ⑧ '첫마디' 말을 준비하자. ⑨ 이성과 감성의 조화를 꾀하자. ⑩ 대화의 룰을 지키자. ⑪ 문장을 완전하게 말하자.

5. 논리적이고 설득력 있는 의사표현요령

논리적이고 설득력 있는 의사표현의 요령은 다음과 같다.

① 침묵을 지키는 사람의 참여도를 높이자. ② 대비효과로 분발심을 일으키자. ③ 대답을 유도하여 미리 설득 분위기를 조성하자. ④ 여운을 남기는 말로 상대방의 감정을 누그러뜨리자. ⑤ 하던 말을 갑자기 멈춤으로써 상대방의 주의를 끌자. ⑥ 호칭을 바꿔서 심리적 간격을 좁히자. ⑦ 꼬집어 말하여 자존심을 건드리자. ⑧ 정보전달 공식을 이용하여 설득하자. ⑨ 상대방의 불평이 가져올 결과를 강조하자. ⑩ 권위 있는 사람의 말이나 작품을 이용하자. ⑪ 약점을 보여주어 심리적 거리를 좁히자. ⑫ 이상과 현실의 구체적 차이를 확인시키자. ⑬ 자신의 잘못도 솔직하게 인정하자. ⑭ 동조 심리를 이용하여 설득하자. ⑮ 지금까지의 노고를 치하하고 새로운 요구를 하자. ⑯ 담당자가 대변자 역할을 하도록 하여 윗사람을 설득하게 하자. ⑰ 겉치레 양보로 기선을 제압하자. ⑱ 혼자 말하는 척하면서 상대의 잘못을 지적하자. ⑲ 변명의 여지를 만들어주고 설득하자.

◉ 기초직업능력(의사표현능력) 체크리스트

구분	문항	매우 미흡	미흡	보통	우수	매우 우수
A-2-라 의사 표현 능력	1. 나는 의사표현의 개념을 설명할 수 있다.	1	2	3	4	5
	2. 나는 의사표현의 중요성을 설명할 수 있다.	1	2	3	4	5
	3. 나는 원활한 의사표현을 방해하는 요인을 설명할 수 있다.	1	2	3	4	5
	4. 나는 효과적인 의사표현법을 설명할 수 있다.	1	2	3	4	5
	5. 나는 설득력 있는 의사표현을 실천할 수 있다.	1	2	3	4	5

출처 : 한국산업인력공단

• 체크리스트 합이 20 이상인 사람은 의사표현에 양호한 편이고, 15점 이하인 사람은 더욱 분발하여 발전해야 한다.

6 PART

글로벌시대의
기초외국어 스킬

Chapter 9 기초외국어의 이해

CHAPTER >>>

기초외국어의 이해

제1절 | 기초외국어의 이해

1. 기초외국어 능력의 개념

직장생활에 있어 우리의 무대가 세계로 넓어지면서 한국어만이 아닌 다른 나라의 언어로 의사소통하는 것을 말한다. 기초외국어 능력은 외국인들과의 유창한 의사소통을 뜻하는 것은 아니고, 직장생활을 하면서 필요한 문서이해나 문서작성, 의사표현, 경청 등의 기초적인 의사소통을 기초적인 외국어로써 가능하게 하는 것을 말한다.

기초외국어 능력은 크게, ① 직업적인 면에서 외국어로 된 간단한 자료 이해, ② 직업적인 면에서 외국인과의 전화응대와 간단한 대화, ③ 직업적인 면에서 외국인의 의사표현을 이해하고, 자신의 의사를 외국어로 표현할 수 있는 능력을 말한다.

◈ **사례연구 9-1**

기초외국어 능력은 직장생활 중 외국어로 된 간단한 자료를 이해하거나, 외국인의 의사표현을 이해하는 능력을 의미한다. 21세기 지구촌은 국경을 초월한 개방화, 정보화, 세계화가 이루어지고 있으며, 이에 따라 세계 각국의 사람들과 함께 일해야 하는 경우가 많아졌다. 따라서 세계화 시대에 능력있는 직업인이 되기 위해서는 기초외국어 능력을 길러야 할 필요성이 증대되었다.

– 한국산업인력공단

2. 기초외국어 능력의 필요성

지금 세계는 국제화, 세계화 시대, 즉 글로벌시대가 되었다. 따라서 다른 나라와의 무역을 당연하다고 생각한다. 외국과의 무역을 위해서는 우리의 언어가 아닌 국제적인 통용어를 사용하거나, 경우에 따라서는 그들의 언어로 의사소통해야 하는 일이 생긴다.

기초외국어 능력은 외국어로 된 메일을 받고 이를 해결하는 상황, 외국인으로부터 걸려온 전화응대, 외국어로 된 업무관련 자료를 읽는 경우, 외국인 고객을 상대하는 경우 등 다양한 상황에서 필요성을 느낀다. 우리의 주변을 보면 흔히 컴퓨터에서부터 공장의 기계 사용, 외국산 제품의 사용방법을 확인해야 하는 경우에 이르기까지 외국어로 작성된 것이 많다. 이때 기초외국어를 모르면 불편한 경우가 많기 때문에 기초외국어 능력은 중요하다.

3. 비언어적 표현과 유형

외국인과의 언어적인 의사소통은 의사를 전달하기 위해 사용하는 것으로 이는 사용능력에 따라 편리성이 크게 좌우된다. 그러나 기초외국어 능력이 부족하다 해도 업무를 원활하게 추진할 수 있는 경우가 많은데, 이는 비언어적 의사소통의 특징을 알면 수월하다.

외국인의 몸짓과 표정, 무의식적으로 기본적 느낌을 표현하는 것을 알아차리지 못한다면 의사소통이 원만하게 이루어지지 않을 수도 있다.

1) 표정으로 알아내기

외국인과 대화할 때 그들의 감정이나 생각을 가장 쉽게 알 수 있는 것이 얼굴표정이다. 웃는 표정은 행복과 만족을 나타내고, 친절을 표현하는 데 비해서 눈살을 찌푸리는 표정은 불만족을 나타낸다. 또한 눈을 마주 쳐다보는 것은 흥미와 관심이 있음을, 그리고 그렇게 하지 않음은 무관심하다는 것을 의미한다.

2) 음성으로 알아내기

거리상 멀리 떨어져 있는 외국회사의 담당자들과는 서면이나 전화로 업무하는 경우가 많다. 전화 통화는 서면으로 의사소통하는 것과는 달리 상대의 목소리나 어조, 크기, 음속 등이 의사소통의 수단이 되기도 한다.

〈표 9-1〉 **외국인과의 의사소통에서 피해야 할 행동**

1. 상대를 볼 때 흘겨보거나, 아예 보지 않는 행동
2. 팔이나 다리를 꼬는 행동
3. 표정 없이 말하는 것
4. 대화에 집중하지 않고 다리를 흔들거나 펜을 돌리는 행동
5. 맞장구를 치지 않거나, 고개를 끄덕이지 않는 것
6. 자료만 보는 행동
7. 바르지 못한 자세로 읽는 행동
8. 한숨, 하품을 하는 것
9. 다른 일을 하면서 듣는 것
10. 상대방의 이름이나 호칭을 어떻게 할지 먼저 묻지 않고 마음대로 부르는 것

출처 : 한국산업인력공단

4. 기초외국어 능력 향상을 위한 공부방법

업무에 시달리는 직장인들은 외국어공부를 위한 시간을 갖기가 어렵다. 하지만 많은 노력을 들이지 않고도 외국어를 잘할 수 있는 방법이 있다.

① 외국어공부를 왜 해야 하는지 그 목적을 알아야 한다. ② 매일 30분 정도 눈과 손과 입에 밸 정도로 반복하여 공부하자. ③ 실수를 두려워하지 말고, 기회 있을 때마다 외국어로 말하라. ④ 외국어와 익숙해질 수 있도록 쉬운 외국어 잡지나 원서를 읽자. ⑤ 혼자 공부하는 것보다는 라이벌을 정하고 공부하라. ⑥ 업무에 관련된 외국어 주요 용어는 꼭 메모해 두자. ⑦ 출퇴근 시간에 짬짬이 외국어방송을 보거나, 라디오를 들어라. ⑧ 외국어 단어를 암기할 때 그림카드를 사용해 보자. ⑨ 가능하면 외국인 친구를 많이 사귈 수 있는 기회를 만들어 대화를 자주 나눠 보자.

기초외국어 능력 향상을 위해서 가장 중요한 점은 다른 나라와 문화에 대해 적극적으로 관심을 가지고 새로운 것을 받아들이는 것이다. 또한 기초외국어 능력은 하루아침에 길러지는 것이 아니므로 매일 규칙적으로 실행하여 축적해 나가면 어느새 향상된 외국어 실력을 발견할 수 있을 것이다.

제2절 | 호텔영어 이해

1. 호텔 프런트데스크 영어

1) 프런트데스크 활용 영어

I would like to check-in.
  - 체크인을 하고 싶습니다.

I would like to make a reservation.
  - 예약을 하고 싶습니다.

I would like to speak to Mr. Kim.

- 김 선생님과 이야기하고 싶습니다.

What kind of room would you like?

- 어떤 방을 드릴까요?

What kind of drink would you like?

- 어떤 음료를 드릴까요?

Would you please fill in this form?

- 여기에 작성을 부탁합니다.

I am afraid I have no idea.

- 잘 모르겠습니다.

I am afraid we don't have any room available.

- 죄송하지만, 비어 있는 객실이 없습니다.

Please let me check your reservation.

- 예약 확인을 해드리겠습니다.

Please let me help you with your luggage.

- 고객님 가방 운반을 도와드리겠습니다.

Would you like me to find rooms in another hotel?

- 다른 호텔에 방이 있는지 알아봐드릴까요?

Would you like me to call a taxi?

- 택시를 불러드릴까요?

Thank you very much.

- 감사합니다.

Thanks a lot.

- 감사합니다.

You are very welcome.

- 천만에요.

You are most welcome.

 - 천만에요.

How much do I owe you?

 - 얼마를 내야 하나요?

How much should I tip the bellman?

 - 벨맨에게 팁을 얼마 드려야 하나요?

How long will you be staying with us?

 - 호텔에 얼마나 투숙하실 예정입니까?

How long does it take to get there?

 - 거기 가는 데 얼마나 걸리나요?

2) 프런트데스크 체크인 영어

(staff : 직원, guest : 손님)

Staff : (Well come to the Halla Hotel) May I help you?

 - 한라호텔입니다. 어서 오세요.

Guest: Yes, I'd like to make a reservation.

 - 예약을 하고 싶습니다.

Staff : For when?

 - 언제인가요?

Guest: For this week.

 - 이번주예요.

Staff : How long will you be staying?

 - 얼마나 계실 건가요?

Guest: I'll be here till Friday.

 - 금요일까지요.

Staff : What kind of room would you like?

 - 어떤 객실을 원하시나요?

Guest: I'd like a double room facing pacific ocean.

    - 태평양이 보이는 더블 방을 주세요.

Staff : Certainly, we have one available at the moment.

    - 예, 마침 객실 한 개가 남아 있습니다.

Guest: Great!

    - 좋아요.

Staff : Would you please fill in this form?

    - 등록카드를 작성해 주시겠습니까?

2. 호텔 식음업장 영어

1) 호텔 식음업장 활용 영어

Please come this way.

    - 이쪽으로 오십시오.

This way, please.

    - 이쪽으로 오십시오.

There is no vacant table at the moment.

    - 잠시 비어 있는 테이블이 없습니다.

I'm sorry for the trouble.

    - 불편을 드려 죄송합니다.

Which would you prefer tea or coffee?

    - 차와 커피 중 어느 것을 드릴까요?

Will this table be fine?

    - 이 테이블은 괜찮습니까?

Would you care for anything to drink?

　- 좋아하는 음료 있으세요?

I'll show you to your table.

　- 테이블로 안내해 드리겠습니다.

I hope you enjoy your meal.

　- 즐거운 식사 되시길 바랍니다.

I'm afraid that table is reserved.

　- 죄송하지만, 그 테이블은 예약되어 있습니다.

2) 호텔 식음업장 대화

(staff : 직원, guest : 손님)

Staff : Good morning, sir? How many are there in your party?

　- 안녕하세요. 일행이 몇 분이세요?

Guest : We are four.

　- 4명입니다.

Staff : I'll give you a table by the window. Please come this way.

　- 창문 쪽에 자리가 있습니다. 이쪽으로 오십시오.

Guest : Thank you.

　- 감사합니다.

Staff : Excuse me. There is no vacant table now. Could you wait a moment, please?

　- 죄송합니다. 빈 테이블이 없어서요. 잠시만 기다려주시겠습니까?

Guest : That's O.K. I'll wait.

　- 괜찮습니다. 기다리겠습니다.

Staff : I'm sorry to have kept you waiting.

　- 기다리시게 해서 죄송합니다.

Guest : Coffee, please.

　- 커피 주세요.

Staff : Thank you, sir.

　　　 - 감사합니다.

3. 외식산업 영어

1) 커피 주문하기

(clerk : 점원, customer : 고객)

Customer : Hello.

　　　안녕하세요.

Clerk : Good morning, what can I do for you?

　　　안녕하세요. 무엇을 도와드릴까요?

Customer : Do you have frappuccino?

　　　프라푸치노 있나요?

Clerk : Yes, I do. What flavor would you like?

　　　네, 어떤 맛으로 원하시나요?

Customer : Can I get a mocha?

　　　모카 한 잔 주세요.

Clerk : Here we go. Will that be all for you today?

　　　여기 있습니다. 더 필요하신 것이 있나요?

Customer : Uh, no. Can I get a one regular coffee?

　　　없습니다. 레귤러 커피 한 잔 주세요.

Clerk : Yes, here we go.

　　　여기 있습니다.

Customer : Thank you.

　　　감사합니다.

Clerk : You are very welcome. Your total today is 9,000 won.

　　　감사합니다. 전부 9,000원입니다.

Customer : 9,000 won?

9,000원이요?

Clerk : Yes.

네.

Customer : Here is 10,000 won.

여기 만 원 드리겠습니다.

Clerk : Out of 10,000 won. 1,000 won is your change.

10,000원 받았습니다. 여기 1,000원 잔돈입니다.

Customer : Thank you.

감사합니다.

Clerk : You are very welcome.

별말씀을요.

Customer : Thank you so much.

감사합니다.

Clerk : You are very welcome. Have a great day!

감사합니다. 좋은 하루 되세요.

Customer : You too.

당신도 좋은 하루 되세요.

- Are you ready to order?

주문하시겠어요?

- Can I have a tall latte, please?

라떼 톨 사이즈로 주세요.

- I would like a decaffeinated house coffee, please.

카페인이 없는 하우스커피 주세요.

2) 햄버거 주문하기

(clerk : 점원, customer : 고객)

Clerk : Hello, how are you today?

안녕하세요. 오늘 어떠세요?

Customer : I am good. How are you?

좋아요. 당신은 어떠세요?

Clerk : Good.

네, 좋아요.

Customer : Can I order one cheeseburger please?

치즈버거 하나 주세요.

Clerk : Yep! What would you like on it?

네. 안에 무엇을 넣어드릴까요?

Customer : What kind of topping do you have?

어떤 종류의 토핑이 있는데요?

Clerk : We have any kinds of toppings, mayonnaise, lettuce, pickles.

마요네즈와 상추, 피클 등 여러 종류가 있어요.

Customer : Okay, I will take lettuce, pickle, tomato and onions.

네, 그럼, 저는 상추, 피클, 토마토, 양파를 넣어주세요.

Clerk : Okay, would you like fries and drinks today?

네, 감자나 음료 드릴까요?

Customer : Oh. Yes, please.

네. 부탁합니다.

Clerk : Yes.

네.

Clerk : The total is 8,000 won.

합계 8,000원입니다.

Customer : Do you have enough change for this?

이 돈에 잔돈 있으세요?

Clerk : Yes, I do. Your change is 2,000 won and ticket number is 87. They are going to call you when your order is ready.

네. 있습니다. 잔돈은 2,000원입니다. 번호는 87번이고요. 준비되면 번호를 부르겠습니다.

Customer : Alright.

좋아요.

Clerk : Thank you.

감사합니다.

- I'd like a hamburger / cheesebuger.

  햄버거 / 치즈버거 주세요.

- Could I get some extra ketchup / napkins?

  케첩 / 냅킨 좀 더 주실래요?

- Would you like a regular size or a large?

  보통으로 드릴까요, 큰 사이즈로 드릴까요?

4. 기타 관광·호텔 용어

- A La Carte: 불어로서 '일품요리'라는 뜻. 메뉴 중에서 자기가 좋아하는 요리를 주문하는 형식으로 세트메뉴와 상반되는 개념. 프랑스에서는 메뉴를 Carte라고도 함
- A La mode: 후식의 일종, 파이류에 아이스크림이 제공됨
- Abbreviation: 외식용어 약어, 종사원, 수납원, 메뉴 등
- Amenity: 고객의 편의를 꾀하고 격조 높은 서비스를 제공하기 위하여 객실 등 호텔에 무료로 준비해 놓는 각종 소모품 및 서비스 용품
- American Plan: 객실요금에 매일 3식의 식사요금이 포함되어 있는 숙박요금제도
- Aperitif: 식전주. 식사 전에 마시는 술

- Appetizer: 전채요리. 식전요리
- Arrival: 도착(공항, 호텔)
- Baby Sitter: 고객들의 자녀를 돌보아주는 사람을 말한다. 일반적으로 하우스키핑 부서에서 관장하며 시간당 요금을 받음
- Back of the house / Back side: 호텔의 후방, 즉 고객에게 노출되지 않은 사무실, 주방 등
- Baggage Tag: 짐을 맡겼을 때의 짐표를 말함
- Bartender: 주류 전반에 대한 서비스 전문가
- Bellman: 프런트 부근에 있으면서 Check-in, Check-out 절차를 마친 고객의 짐을 운반, 보관, 안내 등의 업무를 함
- Bermuda Plan: 숙박요금에 미국식 아침 식사대만 포함시킨 제도
- Beverage: 음료를 말함. 음료에는 알코올성과 비알코올성이 있음
- Bill of fare: 메뉴를 말함
- Blend: 두 종류 이상을 혼합한 술, Blended whisky 등
- Blocked Room: 예약되어 있는 단체, 국제회의 참가자, VIP를 위해 사전에 객실을 지정해 놓은 것을 말함
- Boarding Pass: 항공권
- Bus Boy: 식당에서 고객의 식사가 끝난 후 식탁을 치우는 등 웨이터를 돕는 접객보조원을 말함
- Business center: 복사, 번역, 고객 도우미 역할을 하는 업무 중심지
- Cancellation: 예약취소. 약어로 CXL이라고 표시함
- Cancellation Charge: 예약취소에 따라 지불하는 비용
- Captain: 식당에서는 접객 조장. 벨에서는 Bell captain(벨캡틴)
- Cash Bar: 고객이 술값을 현금으로 지불하는 연회장 내의 임시 바(Bar)
- Checked Baggage: 위탁 수화물
- Check-in: 호텔에서 투숙 수속을 하는 것. 항공기 탑승 수속절차
- Check-out: 호텔에서 숙박료를 지불하고 퇴숙하는 것

- Cloak Room: 투숙객 이외의 방문객이나 식사 고객 등의 휴대품을 맡아두는 장소
- Commercial Rate: 특정회사와 호텔 간의 상호 협의 계약에 의하여 숙박요금을 할인해 주는 제도
- Complaint: 고객의 불평, 불만을 말함(컴플레인이라고 함)
- Complimentary: 무료로 제공하는 제도. 객실, 식음 등으로 다양함(Comp라고 함)
- Concierge: 현관 서비스 총괄하는 안내서비스를 말함
- Connecting Room: 객실과 객실 사이에 통용문이 있어서 열쇠 없이도 사용할 수 있는 객실. 주로 가족이 이용한다.
- Continental Breakfast: 계란요리를 곁들이지 않은 아침식사. 빵 종류, 주스, 커피나 홍차 등이 제공됨
- Customs: 세관
- D.D Card(Do Not Disturb): '방해하지 마세요', '깨우지 마세요'라는 뜻으로 객실 문에 걸어놓음
- Departure: 출발(공항, 호텔)
- Deposit Reservation: 예약 시 선금조로 내는 예치금
- Door Man: 도착하는 고객의 자동차문을 열고 닫아주는 서비스를 하는 종사원을 말한다. 현관관리, 주차관리 등
- Double Bed Room: 2인이 사용할 수 있는 큰 침대 하나가 있는 객실
- Duty Free Shop: 출국 내국인이나 외국인을 위한 면세점
- Early Arrival: 체크인 시간 전에 도착하는 고객
- Early Out: 예정된 날짜보다 일찍 체크아웃된 객실
- Entree: 주요리, 주로 육류 종류
- ETA(Estimated time of arrival): 도착예정시간
- ETD(Estimated time of departure): 출발예정시간
- Etiquette: 에티켓, 서양인들의 합리적인 행동기준
- European Plan: 객실요금에 식사대금을 포함시키지 않은 숙박요금제도. 분리

제도. 대부분 한국호텔에서 적용함

- Executive Floor: 귀빈층 객실. 호텔 내의 호텔이라고 함. 라운지 등을 운영해서 고객의 편의에 힘씀
- Express Check-in: 고객이 호텔에 도착하자마자 사전에 준비해 두었던 등록카드를 가지고 바로 객실로 안내하는 것을 말한다. 주로 VIP 등 호텔에서 모시는 고객에 대한 서비스
- Family Plan: 부모와 같이 호텔 이용 시 14세 미만의 어린이에게 적용. 보조침대(Extra-bed)를 넣어주고 무료로 함
- Finger bowl: 식후에 손을 간단히 씻을 수 있는 물을 담은 그릇
- Flatware: 테이블에 쓰이는 은기류를 말함
- Full course: 정식 코스 요리
- General Manager: 호텔 총지배인
- High Season: 관광객이 가장 많이 방문하는 계절
- Hold Room Charge: 고객이 사용하겠다고 해서 호텔에서 의무적으로 잡아둔 객실. 즉, 고객이 안 와도 요금을 부과하는 제도
- Host: 연회 주최자
- House Keeping: 객실관리. 정비를 담당하는 곳
- Immigration: 출입국 심사
- In-Bound: 국내로 들어오는 외국 관광객
- Incentive Tour: 포상여행, 즉 회사에서 요금을 부담하는 여행
- Information Clerk: 종합 안내소. 즉 안내 담당자
- Late Arrival: 예약시간보다 늦게 도착한 고객
- Lost & Found: 분실물 및 분실물 습득 신고센터
- Mail Clerk: 고객 우편물을 관리하는 종사원
- Main guest: 주빈
- Make-up: 정비를 요하는 객실
- Manner: 합리적인 기준을 행동으로 보여주는 것

- Marmalade: 오렌지나 레몬으로 만든 잼
- Morning Call: 아침에 깨워주는 서비스. 즉 고객이 원하는 시간을 요청함
- No Show: 예약하고 나타나지 않는 고객
- Occupancy Rate: 호텔 객실 또는 항공기 좌석 이용률
- Off Season: 비수기
- OOO(Out Of Order): 고장난 객실. 판매 불가능
- Open bed: 숙박하는 고객이 취침하기 편하게 침구의 한쪽 모서리를 단정하게 접어놓는 서비스
- Out-Bound: 국외로 나가는 국내 관광객
- Over Booking: 초과 예약
- Page Boy: 고객의 요청으로 메시지를 전달해 주거나 식당 등에서 고객을 찾아 주는 서비스
- Pre-Registered: 예약카드를 미리 작성해 놓은 것
- Quarantine: 검역
- Registration Card: 숙박등록카드
- Repeat Guest: 다시 방문한 고객. 단골고객
- Room Service: 음식을 주문한 객실에 배달하는 것
- Security check: 보안검사(수속)
- Skipper: 숙박요금을 지불하지 않고 몰래 가버린 고객
- Sleeper: 고객이 체크아웃하여 객실이 비어 있는데도 등록카드 정리가 채 이루어지지 않아 객실판매를 하지 못한 것
- Steward: 주방에서 접시 등 저장, 운반, 세척을 담당하는 종사원
- Suite: 침실과 응접실을 갖춘 객실
- Table d'hôte: 정식. 세트메뉴
- TIP(To Insure Promptness): 팁. 서비스맨에게 베푸는 손님의 봉사료
- Turn Away: 객실 부족으로 예약되어 있는 고객을 다른 호텔로 주선하여 모시는 것(이런 일이 발생하면 안 된다.)

182

- Twin Bed Room: 1인용 침대가 2개 들어간 객실
- Up Grading: 고객이 예약한 등급보다 비싼 객실에 투숙시키는 것
- Valet Parking Service: 자가용 운전자를 위하여 대신 주차해 주는 서비스. 유료, 무료 제도가 있음
- Waiting List: 예약이 이미 만실인데 혹시 취소가 있을지 몰라서 미리 대비하여 예약받는 경우를 말한다. 고객에게 사전 안내를 해야 함
- Walk-in Guest: 예약 없이 걸어 들어오는 고객

제3절 | 기초외국어의 핵심

1. 기초외국어 능력이란?

기초외국어 능력이란 글로벌 시장에서 한국어만이 아닌 다른 나라의 언어로 의사소통할 수 있는 능력을 말한다. 기초외국어 능력은 외국어로 된 간단한 자료를 이해하거나, 외국인과의 전화응대 및 간단한 대화 등 외국인의 의사표현을 이해하고, 자신의 의사를 외국어로 표현할 수 있는 능력을 말한다.

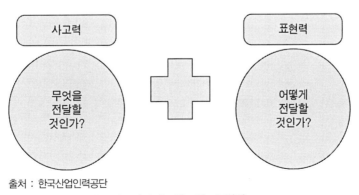

출처 : 한국산업인력공단

〈그림 9-1〉 사고력 · 표현력

2. 의사소통이 어렵다는 선입견을 버리자

외국인과의 의사소통이 어려울 것이라는 선입견을 갖지 말고, 단지 사용하는 언어가 다를 뿐이라고 생각한다면 외국어로 의사소통하는 것이 그리 어렵지 않게 느껴질 것이다.

무엇보다 중요한 것은 상대방과 대화할 때 그 목적을 공유하는 것이다. 그러기 위해서는 자신이 전달하고자 하는 것을 먼저 머릿속으로 정리해 보고, 그 내용을 어떻게 표현할지 생각하는 과정이 중요하다.

3. 비언어적 의사소통방법

외국어로 의사소통을 함에 있어 대화뿐 아니라 몸짓과 표정, 무의식적인 행동으로 자신의 기분과 느낌을 표현하는 것도 함께 이해해야 한다.

즉, 외국인과 성공적으로 협력하기 위해서는 기초외국어 능력을 키우는 것뿐만 아니라 그들의 보디랭귀지를 포함한 문화를 이해하려는 노력도 중요하다.

1) 미국

상대를 사귈 때뿐만 아니라 "농담이야"라는 말을 하려 할 때도 윙크를 한다. 악수를 할 때는 손을 힘있게 잡고 두세 번 흔든다.

2) 중국

놀라거나 어려운 일을 당했을 때 말없이 고개를 좌우로 젓는다.

3) 일본

팔짱을 끼고 서 있으면 깊이 생각하고 있다는 뜻이다.

4) 독일

독일에서는 의사소통의 한 종류로, 악수를 할 때 강하고 짧게 흔든다.

5) 프랑스

프랑스에서는 악수를 할 때, 손에 힘을 많이 주지 않고 주로 친근감에 따라 양쪽 볼에 입맞춤을 한다.

6) 러시아

스스로에게 화가 났을 때 손을 펴서 자기 이마를 친다. 친근감에 따라, 키스를 하고 포옹을 한다.

7) 아랍권

'No'의 의미로 머리를 뒤로 젖히고 눈썹을 치켜올린다.

8) 기타

에스키모족은 서로 뺨을 때린 후, 친한 경우 서로 마주보며 코를 비벼 인사하고, 티베트에서는 상대방의 귀를 잡아당기며 혓바닥을 길게 내밀어 친근감을 표시한다. 태국에서는 전통인사로 두 손을 모으고 팔과 팔꿈치를 몸에 붙인 채로 '와이' 하고 말하면서 고개를 숙여 인사한다.

4. 외국어능력 향상법

직업활동에서 요구되는 기초외국어 능력은 전문가와 같은 실력을 요구하는 것이 아니다. 기초외국어 능력 향상을 위해 가장 중요한 점은 매일 규칙적으로 연습하는 것이다. 실력은 하루아침에 길러지는 것이 아니기 때문이다. 또한 다른 나라의 문화에 대해 적극적인 관심을 가지고 새로운 것을 열린 마음으로 받아들이는 자세일 것이다.

〈표 9-2〉 유용한 호텔영어 표현

1. How many bags do you have?
   – 가방이 몇 개입니까?
2. Could you check in at the Reception Counter over there, please?
   – 저쪽 데스크에서 체크인해 주시겠어요?
3. This is the Front Desk where you check in.
   – 프런트에서 체크인을 하실 수 있습니다.
4. I'm afraid it's very crowded now. Could you wait in line, please?
   – 죄송하지만, 지금 매우 혼잡합니다. 줄서서 기다려주세요.
5. Could you stand in line for registration, please?
   – 등록하실 수 있도록 줄을 서주시겠습니까?
6. May I help with your bags, sir?
   – 가방 옮기는 걸 도와드릴까요?
7. Just a moment, please. I'll bring a baggage cart.
   – 잠시만요, 수하물 카트를 가져오겠습니다.

◉ 기초직업능력(기초외국어 능력) 체크리스트

구분	문항	매우 미흡	미흡	보통	우수	매우 우수
A-2-마 기초 외국어 능력	1. 나는 직업생활에서 필요한 기초외국어 능력이 무엇인지 설명할 수 있다.	1	2	3	4	5
	2. 나는 직업생활에서 기초외국어 능력이 왜 필요한지 설명할 수 있다.	1	2	3	4	5
	3. 나는 기초외국어 능력이 필요한 상황을 알 수 있다.	1	2	3	4	5
	4. 기초외국어 능력으로서 비언어적 의사소통을 설명할 수 있다.	1	2	3	4	5
	5. 나는 기초외국어 능력을 향상시키는 방법을 설명할 수 있다.	1	2	3	4	5

출처 : 한국산업인력공단

• 체크리스트 합이 20점 이상인 사람은 의사표현에 양호한 편이고, 15점 이하인 사람은 더욱 분발하여 발전해야 한다.

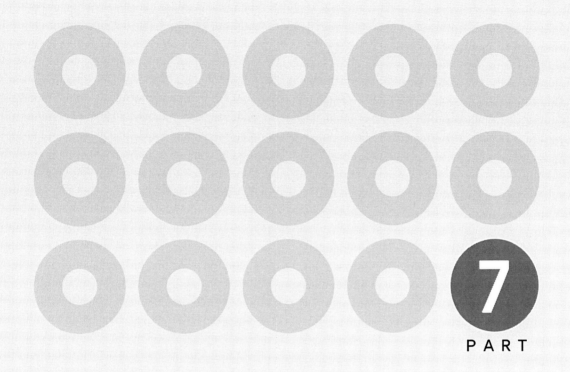

PART 7

환대산업의
서비스 이해

CHAPTER >>>

환대산업의 서비스 이해 10

제1절 | 환대산업의 객실서비스 이해

1. 호텔산업의 서비스 이해

21세기 글로벌시대에 굴뚝 없는 산업이라 일컫는 호텔산업의 중요성이 한층 강화되고 있다. 특히 호텔 서비스를 탄생시킨 세자르 리츠(Cesar Ritz, 1850~1918)에 의해서 파리에 리츠 호텔(Ritz Hotel)이 출현하면서 호텔산업에 많은 공헌을 하였다.

출처 : D.A. Lundberg, The Hotel & Restaurant Business, 4th, 1984, p.22.

〈그림 10-1〉 The Swan Inn(영국 Lavenham, 1425)

189

리츠(Ritz)는 "고객은 항상 정당하다(Guest is always right)"는 슬로건(slogan)하에 고객의 서비스를 강조하여, 오늘날 호텔 판매촉진의 캐치프레이즈(catchphrase)의 이념을 확립한 장본인이다(정경훈·박호래, 1995). 고객과의 올바른 의사소통을 위해 호텔산업에서 부문별로 알아보기로 한다.

2. 호텔 객실부문 이해

객실부서는 객실영업(프런트 오피스)과 객실관리(하우스키핑)로 구분되어 운영하지만, 최근에는 두 부서를 객실부서로 일원화하여 운영하는 호텔이 늘고 있다. 객실부서는 고객을 제일 먼저 맞이하는 곳이며, 투숙 중에는 편안하게 지낼 수 있도록 깨끗한 객실을 준비하여 제공하고, 유지·관리해야 한다.

특히, 호텔 수입의 대부분을 차지하는 고객의 호텔 도착부터 체크아웃까지 안전과 안락을 책임지는 객실부서장은 현관부터 객실 구석구석에 이르기까지 사원들의 교육, 감독, 통솔을 시작으로 고객만족에 앞장서겠다는 사명감을 가지는 것이 중요하다.

1) 객실부문 공항담당자

공항담당자는 공항에서 근무하면서, VIP 고객 등 호텔에서 모셔야 할 고객과 고객이 원해서 사전에 호텔차량을 원하는 경우와 대형행사를 하는 경우 공항에서부터 환영·환송서비스를 하는 것을 말한다. 고객 모실 준비가 끝나면 호텔 컨시어지와 긴밀하게 연락하여 고객을 모신다.

2) 객실부문 도어맨

도어맨(Door man)은 고객과의 의사소통을 통해, 호텔에 방문하는 고객을 최초로 맞이하고, 투숙 중인 고객이 Check out할 때 마지막으로 인사하는 곳이다. 용모를 단정히 하고 현관에서 발생되는 모든 업무를 예의 바른 태도로 수행해야 한다. 특히 인수인계를 철저히 해서 고객에게 감동을 선사해야 한다.

현관에서 근무하는 도어맨은 고객이 항상 여러 곳에서 보고 있다는 사실을 인지해야 한다. 이에 각별한 개인행동을 해야 한다. 즉 차량이 들어올 때 고객은 멀리서 도어맨의 행동을 보고 있고, 또한 옆에서 뒤에서 또 다른 고객이 보고 있으므로 행동에 더욱 주의해야 한다. 현관에서 고객의 영접·영송을 의미 있게 하는 것이 도어맨의 의무이다.

3) 객실부문 벨맨

벨맨(Bell Man)은 현관에서 도어맨(Door Man)과 함께 고객 환영·환송인사를 주로 하고, 현관에서 프런트로 고객을 안내하여 등록하는 데 불편함이 없도록 하며, 등록을 마치면 고객을 객실까지 안내하고, 객실 내에 시설 사용법을 상세히 설명하고, 주로 고객 가방 등을 도와드리며, 그 외 많은 업무가 부가되는 직무이다.

〈표 10-1〉 벨맨(Bell Man)의 업무 흐름도

고객 → Bell Man												
Check In				일반 업무				Check Out				
화물보관	단체	개인	로비관리	일반안내	객실변경	메시지	배달	화물보관	단체	개인	로비관리	차량관리
장 · 단기	행사 · 일반	프런트 · VIP	청결 · 정돈	시설 · 업장	고객 · 단독	확인 전달	신문 · 서류	장 · 단기	행사 · 일반	수하물 확인	청결 · 정돈	차량 일지

일반고객 체크인(Check In) 업무는 다음과 같다.

첫째, 벨맨은 고객이 호텔에 도착할 때에는 도어맨과 함께 신속하고 정중하게 인사한 후 고객을 맞이한다. 둘째, 차에서 짐을 내린 후 숫자를 확인하고 이를 고객에게 확인시킨다.

그 외 수하물에 대해서도 차량 내부를 확실하게 확인한다. 객실 내부 안내 내용은 다음과 같다.

첫째, 키의 사용법을 안내한다. 현재는 전자키(카드키) 종류가 많지만 간혹 전에 사용하던 일반열쇠를 사용하는 곳이 있다. 호텔에 따라 키 BOX에서 키를 빼면 전원이 꺼지는 경우도 있다. 이를 자세히 설명해야 한다.

둘째, 전화사용법을 안내한다. 호텔 내부 시설 등 국제전화에 이르기까지 상세히 안내한다.

셋째, 전자제품 이용안내가 필요하다(TV, 에어컨, 라디오, 조명 등). 특히 인터넷을 이용하는 고객이 늘어났으므로 사용방법을 안내한다. 이때 요금에 대한 안내가 있어야 나중에 문제가 발생되지 않는다. 특히 유료 영화 등은 반드시 안내를 해야 한다. 넷째, 미니바에 대해서 안내를 한다. 어디까지 무료이고, 유료인지를 설명한다. 다섯째, 개인금고 이용법을 안내한다. 혹은 프런트에 있는 금고 이용을 권장한다. 여섯째, 욕실사용법을 안내한다. 지금은 설비가 고급화되어 안내가 없으면 사용하지 못하는 경우가 있다.

일곱째, 호텔 내부 부대시설 등 행사정보 또는 외부 정보사항을 안내한다. 가급적 호텔 내부 부대시설을 우선 사용하시도록 권장한다. 여덟째, 온돌 객실일 경우 이불 위치 등 필요사항을 안내한다. 아홉째, 기타 발생되는 사항을 안내한다.

4) 객실부문 당직지배인

당직지배인은 호텔 전반에 걸쳐 고객의견 수렴, 불만 해결, 전체 영업장 대행 관리 등을 하고, 야간에는 총지배인을 대신하여 모든 업무를 총괄하는 직무를 말한다. 24시간 대고객 업무처리를 위해 교대근무 혹은 프런트지배인이 겸직하기도 한다. 특히 야간 근무 시에 긴급상황이 발생하면 총지배인이나 해당 부서장에게 즉시 보고하고, 고객들이 편안히 쉴 수 있도록 업무에 충실해야 한다.

당직지배인은 주로 3교대를 원칙으로 하지만 호텔 영업방침에 따라 달라질 수 있다. 당직지배인의 오전 근무(07:00~15:00)는 우선,

첫째, 야간 지배인으로부터 인수인계를 받는다.
- 항상 교대시간 30분 전에 인수인계 준비를 한다.

둘째, 당일 VIP 또는 주요 고객을 사전에 파악한다.
- Check in 고객, Check out 고객 전부와 단체, 행사를 포함한다.

셋째, 주요 고객 배차 일정표(차량일지)를 보고 사전에 준비한다. 넷째, 전날 고객 불만이 있는 고객은 직접 만나서 해결한다. 다섯째, 고객지역, 특히 로비, 업장 출입구 등의 청결문제 등을 직접 점검한다. 여섯째, 주기적으로 호텔업장을 순시한다(기록한다). 일곱째, 로비 근무자를 지휘 감독한다(타 지배인 협조). 여덟째, 직원 교육을 시킨다(문제가 있을 시). 아홉째, 긴급상황 발생 시 즉시 총지배인에게 보고한다. 열째, 타 업장 지배인에게 수시로 업무 협조를 구한다.

당직지배인의 고객 불만처리는 다음의 과정을 거친다.

첫째, 고객의 말씀을 성의있는 자세로 경청한다.
- 고객의 불만사항을 잘 들어주는 것이 우선이다.
- 고객이 말할 때는 중간에 가로채지 않고 끝까지 경청한다.

둘째, 정중하게 사과한다.
- 내용을 이해하고 정중히 사과한다. 사과는 1~2회가 좋다.
- 고객을 위해 호텔 종사원 교육을 약속한다.

셋째, 고객이 계속 불만을 표출하고 목소리를 크게 낼 경우
- 우선 제3의 장소로 안내한다.
- 지배인에게 보고하여 고객과 다시 상담한다.

넷째, 고객의 불만에 대해 호텔에서 방안을 제시한다.
- 불만고객에게 호텔에서 객실 Up grade 등을 제시한다.
- 다른 제시사항이 있으면 병행한다.
- VIP같이 잘 모신다.

다섯째, 단골고객으로 만든다.
- 고객정보란에 기록하여 다음 방문 시에는 잘 모신다.
- 항상 고객을 잘 모신다는 인상을 받도록 노력한다.

5) 객실부문 컨시어지

고객을 안내하는 컨시어지에서는 호텔 내 부대시설은 물론 외부의 중요한 명소 등을 고객이 원할 때 따뜻한 마음으로 안내해야 한다. 또한 근래에는 GRO(Guest

Relations Officer)라 지칭하는 대고객 서비스를 담당하는 종사원을 컨시어지와 별도의 조직으로 운영하는 호텔도 많다.

컨시어지의 업무는 첫째, 항상 친절하게 서비스해야 한다. 둘째, 미소를 지어야 고객이 접근하여 편안하게 얘기를 할 수 있다. 셋째, 가능한 고객이름 혹은 직책을 알고 응대하면 좋다. 넷째, 말은 정중하게 해야 호텔에 어울린다. 다섯째, 몸가짐을 단정하게 해야 한다. 그 호텔을 결정하는 데 중요한 요소이기 때문이다. 여섯째, 내가 먼저 솔선수범하는 자세를 가져야 한다. 일곱째, 인수인계를 철저히 하고 맡은 일에 책임감을 갖는다.

여덟째, 팀워크가 중요하다. 직장에서는 질서도 하나의 협력이다. 아홉째, 정리정돈에 앞장서고 서류 정리를 잘한다. 열째, 사담은 절대 금물이다. 고객이 보면 불쾌하다.

컨시어지의 구체적인 업무 내용은 다음과 같다.

첫째, 고객 영접 및 영송

- 당일 투숙 VIP 고객, 단골고객, 회원 등을 사전에 파악하여 준비한다. 차량이 준비된 고객은 공항담당으로부터 도착시간을 받고 대기한다. 이때 고객별로 총지배인, 당직지배인 등과 함께 대기한다.
- 사전에 고객객실을 점검한다.(이상 유무 확인)
- 객실에 Treatment 내용을 점검한다(과일, 꽃 등).
- 고객이 도착하면 객실로 모시고 가서 등록을 받고 안내를 한다(Express Check in service).
- 체크인을 하면서 호텔 내부 행사 등 주요 사항을 안내한다.
- 항상 도와드린다는 말씀과 함께 컨시어지로 연락할 것을 알린다.
- 당일 Check out VIP, 단골고객 등도 상기와 같다(보고 요망).

둘째, 전반적인 안내

- 호텔 내 영업장 안내: 영업시간, 식사내용, 피트니스 등
- 외부 관광지, 교통편, 병원, 항공확인 등
- 렌터카 안내, 전통시장, 공연장, 외부행사 등

- 교회, 성당, 사찰, 병원 등
- 귀중품은 금고에 보관하도록 안내
- FAX 서비스, 인터넷 서비스 돕기
- 비상약품 구비(간호사 대기)

셋째, 항공사 안내의 경우(견본)

- 아시아나 항공 : 1588-8000
- 대한항공 : 1588-2001 등을 안내

넷째, 당직지배인과 함께 고객불만 해결

다섯째, 벨맨, 프런트 클럭, 도어맨과 함께 긴밀한 협조체계 가짐

여섯째, 우편물 관리(우편물 수수대장 이용)

- 호텔 내에 우체국이 있으면 좋겠으나, 없으면 우표를 준비하고 국가별 요금표를 비치하여 고객에게 서비스를 한다.

일곱째, 객실 외 일반지역 Lost & Found 관리

- 분실물이 발생할 경우 철저한 기록과 분실물을 찾는 데 정성을 다해야 한다.
- 분실물을 습득하면 기록 후 최선을 다해 주인을 찾아드린다.
- 습득한 분실물은 정해진 기간 내에 찾아가지 않으면 회사가 관계기관 (경찰)에 정기적으로 신고해서 처리한다.

여덟째, 항상 고객에게 밀도 높은 서비스를 제공

6) 객실부문 고객관리

고객관리 업무는 고객에 대한 기록을 중시하여 작은 부분까지 체크해서 다음에 오실 경우 혹은 이번에 체크인을 하실 경우에 대비해서 관리해 나가는 것이다. 특히 고객정보를 이용하여 단골고객을 만들어 나감으로써 경쟁력이 쌓이고 향후 마케팅 활동에도 도움을 주는 활동이다. 이는 일반업무, 정보업무, 고객의견 접수 등으로 나눌 수 있다.

우선, 일반업무는 서신업무로 ① VIP 고객, 단골고객에게 환영편지를 쓴다. ②

고객의견에 대한 감사편지, 사과편지를 관리한다. ③ 각종 기념카드 등을 고객에게 발송한다(고객이 응할 때만).

다음으로 정보업무는 ① 고객 History를 관리한다. ② 단골고객, VIP 등 주요 고객 기록을 관리한다. ③ 영업장에 필요한 고객 정보를 제공하여 고객서비스를 향상시킨다.

마지막으로 고객의견 접수는 ① 설문서 이용 등 다양한 방법으로 고객의견을 접수, 처리한다. ② 고객불만, 칭찬에 대한 답장을 한다: 총지배인에 보고 후 사과내용을 결정한다. ③ 전산에 입력하여 정보를 공유해서 불만 재발생을 억제한다. ④ 발생되는 불만은 즉시 당직지배인, 업장지배인의 협조로 해결한다.

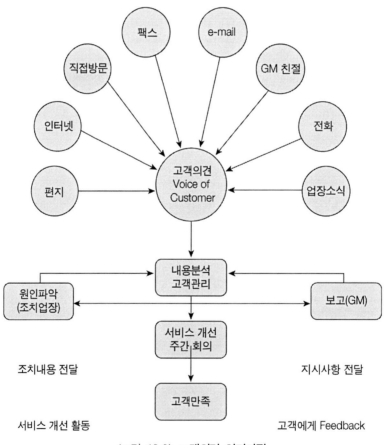

〈그림 10-2〉 고객의견 처리과정

⑤ 발생되는 고객불만을 처리한다: 인터넷 이용 시 고객불만을 접수한다. 전화 이용 시 고객불만을 접수한다. ⑥ 주간회의 자료를 준비한다(주 1회 고객의견에 대한 회의): 업장별로는 매일, 그리고 매주 고객의견 회의를 한다. 자료를 모두 저장해서 향후 자료로 이용한다.

김길동님

방문해 주셔서 감사합니다.

계절은 어느새 여름의 문턱으로 접어들면서 해변의 정취와 싱그러운 바다 내음이 시원하게 묻어 나는 날, 한라호텔 방문을 진심으로 환영합니다.

짧은 일정이오나 앞 정원에서 가벼운 산책을 하시면서 앞으로의 구상을 해보시는 것도 좋을 듯싶습니다.

머무시는 동안 편안한 여정이 되시길 바라오며, 항상 건강과 행복이 함께 하시기를 기원합니다.

감사합니다.

2023.7.1.
한라호텔 총지배인
이길동 올림

〈그림 10-3〉 환영편지

7) 객실부문 프런트 클럭

프런트는 호텔의 얼굴로서 고객을 최초로 맞이하고 고객이 편히 쉴 수 있도록 객실을 제공한다. 또한 투숙 중에 항상 고객과 밀접한 관계를 갖는 중요한 부서이다. 프런트 클럭이 고객을 맞이하는 순간부터 호텔의 품격이 결정된다는 의미가 포함된다. 정성껏 모신 후에 처음과 마찬가지로 최종 체크아웃 서비스를 하는 곳으로서 고객의 만족은 물론 내부상품 판매에도 항상 열의를 보여야 하고, 그야말로 고객은 프런트를 제일 신뢰할 수 있는 곳으로 여길 수 있어야 한다.

프런트 클럭은, 프런트에서 고객과 직접 마주하며 인사를 하고 객실등록 즉, 체크인과 체크아웃을 담당하는 곳으로 중요한 업무를 담당한다. 따라서 행동 하나하나가 고객만족이냐, 고객불만이냐는 인식 아래 항상 서비스 마인드를 가지고 임하면 인정을 받는다. 프런트 캐셔(Front Cashier)의 역할도 해야 하는데 프런트 캐셔는 회계원을 뜻한다.

이전에는 프런트 클럭과 별도로 프런트 캐셔라는 직책으로 프런트에서 별도로 업무를 담당했지만 요즘은 업무 능률화 때문에 프런트 클럭이 동시에 프런트 캐셔 업무를 보는 호텔이 많아지고 있다. 즉, 다기능 다역화의 일환으로 하나의 업무가 되어버린 것이다. 하지만 현금을 다루는 업무이기 때문에 막중한 책임감을 가져야 한다.

8) 객실부문 하우스키핑

하우스키핑(House Keeping)은 호텔객실 상품 생산의 제일선에 있는 부서이다. 고객이 안락하고 편안하게 머무를 수 있도록 깨끗한 객실과 시설을 유지해 나가야 한다. 우선 객실에 들어가는 비품 하나하나에 정성을 들이고 소모품 등 특히 객실의 청결에 대해서는 더이상 강조할 필요가 없다.

생산되는 상품이 최고라면 판매부서에서는 높은 지명도와 판매율을 달성할 수 있을 것이다. 이토록 호텔이 발전해 감에 따라 하우스키핑 업무는 더욱 중요해지고 있다. 하우스키핑 지배인은 호텔의 객실상품 생산 및 관리를 철저히 하고 조직에서 업무를 효율성 있게 수행함으로써 호텔 매출 향상에 기여할 수 있다. 지배인 수행업무는 다음과 같다.

첫째, • 사원근무 근태, 휴가 등의 스케줄을 관리한다. (비번, 월차, 연차 등 호텔의 영업과 관련해서 한다.)

　　　 • 월간, 연간으로 계획을 세워서 관리한다.

둘째, 룸메이드, 객실정비 등 담당업무에 대한 작업지시를 한다.

셋째, 각종 리포트 관리 및 업무를 사전 확인하고 챙긴다.

넷째, • 당일업무와 주간업무, 월간업무를 준비, 수행한다.

　　　 • 주간업무 중 긴급업무부터 우선순위로 처리해 나간다.

　　　 • 객실내부 불량품 등을 수리한다.

　　　 • 상사에게 보고의무를 가진다.

　　　 • 회의 준비를 하고 발표한다.(업장 회의 시)

다섯째, 객실의 비품, 소모품, 어메니티 등을 사전에 확보한다.

여섯째, • VIP 등 주요 고객 정보를 확인하여 객실준비를 한다.

　　　　 • VIP 객실은 반드시 지배인이 직접 점검한다.

일곱째, 사원교육 즉 전화업무, 성희롱 예방교육, 서비스 교육을 한다.

여덟째, 고객불만에 대한 대책을 강구한다.(사전 예방교육)

아홉째, • 각 객실에 대한 History 관리를 한다.

　　　　 • TV, 냉장고, 가구, 침대 등 주요 품목에 대한 일지를 작성한다.

　　　　 • 비품 외에 소모품류를 고급화하는 데 항상 힘써야 한다.

　　　　 • 해당 객실 키관리 및 주요 키 관리를 한다.

제2절 | 환대산업의 식음서비스 이해

1. 호텔 식음료 부문

레스토랑의 업무 및 세미나, 만찬 등의 각종 행사 지원업무를 하며 각 업장에서 음식 및 음료를 판매하고, 각종 이벤트나 식음 프로모션을 기획 판매하는 업무를 한다. 객실판촉, 연회판촉과 더불어 호텔에서 유일하게 매출을 올리는 부서이다.

식음료부서는 학회, 협회, 국제행사, 웨딩 등 각종 행사를 유치하여 매출에 많은 기여를 한다. 특히 식음부서장은 호텔 식음 · 연회 부대시설을 총괄하고 식음, 조리 사원들의 교육, 근무태도 등 전반적인 사항을 감독함으로써 고객들로 하여금 호텔 식음료 업장에서의 만족과 영업에 대한 성과를 책임지겠다는 사명감을 가져야 한다.

1) 식음료의 정의

식음료 업장은 "호텔 내에 일정 수준을 갖추고 투숙객이나 외부고객에게 음식 · 음료와 더불어 인적 서비스를 제공하는 시스템적 장소"라고 할 수 있다. 호텔 내에서는 식음료 상품을 판매하는 부서를 식음료부(Food & Beverage Department)라고 부르며, 음식 생산하는 부서를 조리부(Culinary)라고 하는데, 이 두 부서는 각각 독립되어 있지만 상호 협력을 통해 호텔의 식음료 업장을 담당하고 있다.

2) 식음료의 중요성

인간생활의 3대 요소인 의 · 식 · 주는 단순한 생존을 위한 개념에서 새로운 가치를 부여한 의 · 식 · 주 문화의 단계로 발전하고 있다. 이 중 식문화 창조에 일익을 담당하는 현대 호텔경영에 있어서 식음료 부문은 호텔 총매출액의 약 35~65%까지 차지하는 중요한 부문으로 객실부문과 함께 2대 수익 발생 부문이다. 다시 말해, 식음료 상품은 영업 여하에 따라 신축성이 강한 동적인 상품으로 호텔 매출을 극대화할 수 있는 중요한 부서이다.

3) 현대 호텔 식음료 경영의 경향

호텔의 등급에 따라 법적 의무사항으로 인해, 호텔들은 다양한 식음료 업장들을 갖추고 있다. 고객들에게 제공되어야 할 식음료 제품을 생산·판매하는 데 직접적으로 관계된 레스토랑과 조직의 규모는 식음료 업장 수에 비례하며, 식음료 업장을 이용하는 고객들은 대부분 투숙객이 아닌 외부고객, 즉 내국인이며 이에 대한 호텔의 외부고객 의존도는 날로 높아지고 있고, 수입식자재와 수입기물에 대한 의존도 또한 높다. 이에 따라 인건비와 식료원가에 대한 높은 비중을 나타내므로 낮은 객단가와 생산성 및 낮은 순이익을 보일 수도 있다.

4) 호텔 식음료부서의 조직

식음료부서에서 수행되는 기능은 분명한 목적과 존재 이유가 있어야 한다. 또한 모든 종사원들은 자신의 업무 내용을 정확히 이해하고 있어야 한다. 우선 식당과에서는, 서양식 및 동양식 식당의 영업 및 고객관리, 식당의 기물과 비품관리, 음식의 메뉴관리, 종사원의 교육훈련 및 인사관리 등의 업무를 한다.

음료과에서는 주장의 영업 및 고객관리, 주장의 기물과 비품관리, 음료의 메뉴관리, 종사원의 교육훈련 및 인사관리, 각 주장의 영업에 필요한 제반 업무를 수행하며, 연회과에서는 각 연회장의 시설 및 위기관리, 연회예약, 연회서비스 수행, 출장연회 관리, 연회종사원의 교육훈련 및 인사관리, 연회행사 유치 및 판촉활동, 연회서비스 개선 및 품질관리 등의 업무를 한다.

5) 호텔 식음료업장의 직무

호텔 식음료과장(F&B Manager)은 각 식당의 영업에 대한 총괄적인 책임을 지고 업장의 운영상태 및 문제점을 파악하여 종사 근무인원의 적절성과 배치, 판매촉진 활동 등 영업에 관한 책임을 진다.

업장지배인(Outlet Manager)은 영업장의 책임자로서 업장을 방문하는 고객에게 필요한 서비스를 제공하는 총괄적인 책임을 갖는데 예를 들면 고객관리, VIP 영접,

종사원의 인사관리와 교육훈련, 부서장 간의 직·간접적인 중계 역할을 한다.

그 외 캡틴은 주임급으로 헤드웨이터(Head Waiter)로서 고객을 직접 접객하는 접객책임자로서 영업 준비상태와 종사원의 복장 및 용모를 점검한다. 웨이터 & 웨이트리스(Waiter & Waitress)는 고객과 가장 많이 접하는 종사원으로 식음료를 직접 고객에게 제공하는 업무와 업장관리, 청결 등을 담당한다.

리셉셔니스트(Receptionist)는 고객을 영접하고 적절한 테이블을 안내하고 예약 업무를 담당하며, 소믈리에(Sommelier)는 와인전문가로서 고객에게 와인 혹은 일반적인 음료를 설명하여 최적의 와인을 추천함으로써 고객 선택의 폭을 넓혀주고 올바른 서비스를 제공하는 종사원이다.

또한 오더테이커(Order taker)는 객실 고객이 주문하는 식음료 주문을 받아 이를 이행하는 종사원으로, 식음료 메뉴를 숙지하여 주문전표를 작성하며 주방에 음식을 주문한다. 바텐더(Bartender)는 전반적인 음료에 대한 지식을 충분히 가지고 고객이 주문한 칵테일을 조주하며, 바의 영업 준비상태와 음료의 적정 재고를 파악하여 음료 및 부재료를 관리한다.

업장 회계원(Cashier)은 각 식음료업장에서 근무하지만 재정부 소속으로 주 업무는 회계기 POS(points of sale)에 고객의 식음료 주문에 대한 포스팅을 하고, 고객의 현금이나 신용카드 또는 룸 차지를 처리하며, 그날의 영업실적을 지배인에게 보고한다.

6) 음료의 이해

음료는 알코올성 음료(Hard Drink)와 비알코올성 음료(Soft Drink)로 구분되는데, 알코올성 음료의 제조방법은 일반적으로 효모를 발효시켜 만드는 양조주, 양조주를 증류시켜 만드는 증류주, 양조주나 증류주에 설탕·시럽·과실류·약초류 등을 혼합하여 만든 혼성주 등의 3가지로 나누어진다. 비알코올성 음료는 청량음료, 영양음료, 기호음료 등으로 나눌 수 있다.

양조주는 발효주라고도 하며, 인간이 주식으로 하는 쌀, 보리 등의 곡류, 포도·사과 등의 과실류를 원료로 하여 전분이나 과당을 발효시킨 술이다. 증류주는 곡물이나 과실 또는 당분을 포함한 원료를 발효시켜 양조한 양조주를 단식 증류기나 연속식 증류기에 다시 증류하여 알코올 함유량을 높인 술을 말한다. 곡류 및 감자의 전분을 원료로 위스키, 진, 보드카 등을 만들고, 포도와 당밀의 당분을 원료로 한 브랜디, 럼을 만든다. 그리고 우리나라에서는 문배주, 소주 등을 만들 수 있다.

혼성주는 증류주 또는 양조주에 초근목피·향료·당분·착색료 등을 첨가한 알코올 음료이다. 즉 식물성 향미를 배합하고, 다시 감미료, 착색료 등을 첨가하여 만든 술이다.

7) 커피(바리스타)의 이해

커피는 커피나무에서 생두를 수확하여 가공 공정을 거쳐 볶은 후, 한 가지 혹은 두 가지 이상의 원두를 추출하여 음용하는 기호음료이다. 커피의 맛을 좌우하는 기준은 향(아로마)과 밸런스(신맛, 쓴맛, 단맛, 떫은맛, 짠맛)이고 바디가 좋으냐 등 여러 요인에 의해 맛이 결정된다.

커피 전문가를 바리스타라고 하며, 에스프레소 커피를 중심으로 커피에 대한 높은 수준의 경험과 지식을 바탕으로 원두 로스팅, 그라인딩, 커피추출, 라떼 아트 등을 통해 전문적으로 커피를 만들어낸다. 건조된 생두는 카페인, 타닌, 무기질, 비타민, 단백질, 지질, 탄수화물 등의 수십 가지 화합물로 이루어졌으며, 이 성분들은 빠른 속도로 증발하는데, 좋은 성분은 빨리 증발하고, 나쁜 성분은 오래 남는다.

우리나라에 커피가 전해진 것은 1896년으로 러시아 공사 베베르의 처형이었던 손탁이 고종이 식사할 때마다 커피를 제공하면서 시작되었다고 한다.

8) 와인(소믈리에)의 이해

와인은 넓은 의미에서 모든 과일로 발효하여 만든 술을 말하는데, 주로 포도를 주원료로 하여 발효한 것을 와인이라고 통칭한다. 다른 과일로 발효하여 만든 와인은 애플와인, 체리와인 등 과일의 명칭을 와인 앞에 붙여서 사용한다.

와인은 제조과정에 따라 레드와인, 화이트와인, 로제와인, 발포성 와인, 주정강화와인 등으로 나눌 수 있고, 와인전문가를 소믈리에라고 칭하며 전문기술직으로 알려져 있다. 와인을 고를 때는 와인 라벨의 주요 정보를 토대로 와인을 선택하게 된다.

와인 판매업자는 고객들의 시선을 끌기 위해 라벨에 많은 노력을 기울이는데, 우선 지역 명칭, 포도품종, 알코올 농도, 단위면적당 생산량, 포도원 관리방법, 와인 제조법, 샘플 분석 등이 표기되며, 와인의 숙성기간은 종류에 따라 다르지만, 대체로 레드와인은 5~15년, 화이트와인은 4~6년, 로제와인은 2~3년 정도가 적당하다.

9) 호텔 연회

호텔 연회는 대형화·조직화되고 있어 그에 따른 대형 연회장을 마련하고 있으며, 많은 호텔들은 연회를 전담하는 부서를 조직화하여 연회의 유치와 성공적인 행사를 진행하고 있다. 기업체 세미나, 결혼식 등 많은 용도로 이용되고 있으며, 호텔 연회의 특징은 다음과 같다. 첫째, 인력자원을 탄력적으로 운영할 수 있다.

둘째, 가격을 차별화할 수 있다. 셋째, 단체고객을 유치할 수 있다. 넷째, 연회예약
에 의한 사전 준비를 할 수 있다. 이와 같이 현대사회는 연회의 기능이 더욱 다양
해지고 있다.

제3절 | 환대산업의 기타 서비스 이해

1. 호텔 세일즈 & 마케팅(Sales & Marketing)

호텔의 규모, 즉 객실과 부대시설의 규모에 따른 세일즈 & 마케팅 조직이 필요
하다. 즉 객실판촉, 연회판촉, 객실예약, 영업기획 등의 담당자들을 관리하여 전반
적인 호텔 매출에 기여하도록 하고, 호텔홍보를 통해 호텔에서 진행하는 이벤트
등을 대내외적으로 알려주는 업무를 병행하도록 한다.

특히 세일즈 & 마케팅 부서장은 호텔의 객실, 식음, 연회 등의 실질적인 판매,
홍보, 기획 등의 세밀한 전략과 전술을 통해 우위를 점하고 또한 중장기 전략을
세워 미래 호텔이 살아갈 방향까지 책임지겠다는 사명감을 가져야 한다.

2. 호텔 조리부서

식음부서와 밀접한 관계를 가지고 고객을 위해 음식을 만들고 제공하는데, 신선
한 재료를 구매하기 위해서는 구매부서와의 적극적인 의사소통으로 검수를 잘 해
서 좋은 식재료로 상품을 만들어야 한다.

3. 호텔 지원부서

호텔 지원부서에는 우선 지원팀이 있는데 전반적으로 영업에 필요한 업무를 지
원하는 조직이며, 여기에는 인사, 기획, 재경, 구매, 총무, 시설, 경비 등이 있다.

인사는 호텔 직원의 승진, 입사, 퇴사, 복지 등을 관리하고, 기획은 호텔의 전반적인 운영 및 예산 그리고 중·장기 플랜을 기획 운영하며, 재경은 호텔의 전반적인 자금관리, 즉 매출에 대한 수입, 손익계산, 세금관리 등을 한다.

또한 구매는 호텔 객실, 식음 모든 부서에서 필요한 물품을 구입하여 사용하도록 하고, 총무는 영업장 인허가 사항 관청에 신고, 대관업무를 하며, 시설에서는 호텔 내·외부 시설을 관리하며, 전기, 수도, 온수, 냉난방 등 시설 유지보수를 하며, 경비는 주로 호텔 내·외부를 고객이 안전하도록 관리하며 최근에는 주로 용역을 주고 업무를 하는 곳이 많다. 특히 지원 부서장은 고객과 마주하는 Front side 현장과 달리, Back side에서는 사원들의 인사, 교육, 관리 등 시설부문까지 사원만족과 고객만족, 사회만족까지 후방지원 부서로서의 제반 지원에 책임을 지는 사명감을 가져야 한다.

4. 호텔 총지배인(경영진)

총지배인(General manager)은 전문경영인으로서 주주 혹은 체인 본부로부터 위임받아 호텔을 직접 경영하는 사람이다. 그러므로 총지배인은 인간관계의 중요성을 인식해야 하고, 회사의 이익을 추구해야 하며, 사회에 대한 봉사활동, 사원과의 단합된 단결력을 만들어 가야 하는 책임을 가지고 있다. 특히 ① 고객에 대한 봉사, ② 종업원에 대한 봉사, ③ 주주에 대한 봉사, 이 세 가지 사항에 무거운 사명감을 가져야 한다.

연습문제

01 인사의 상식으로 적절하지 않은 것은? (　　)

① 인사는 내가 먼저 한다.　　② 인사는 상대의 눈을 보며 한다.
③ 인사는 정성을 갖고 한다.　　④ 인사는 나의 시선과는 관계 없다.

02 인사의 종류에서 정중한 인사로 맞는 것은? (　　)

① 선 자세 목례 15°로 인사한다.　　② 선 자세 목례 30°로 인사한다.
③ 선 자세 목례 45°로 인사한다.　　④ 선 자세 목례 90°로 인사한다.

03 얼굴 표정으로 적절하지 않은 것은? (　　)

① 표정을 부드럽고 온화하게 갖는다.
② 얼굴의 근육을 푼다.
③ 얼굴 턱을 끌어들이지 않는다.
④ 얼굴에 미소를 지을 필요는 없다.

04 호텔 서비스맨의 자세로 부적절한 것은? (　　)

① 좋은 매너를 수반해야 한다.　　② 청결을 중시해야 한다.
③ 책임감은 자신과는 별개이다.　　④ 건강은 매우 중요하다.

05 전화응대에서 적절하지 않은 것은? (   )

① 벨소리 2번 이내에 받는 것이 필요하다.
② 소속과 이름을 밝힌다.
③ 상대가 전화를 끊기 전에 수화기를 놓는다.
④ 끝인사, "감사합니다."라고 말한다.

06 명함 드리기에서 적절하지 않은 것은? (   )

① 자신을 소개하면서 공손히 드린다.
② 반드시 서서 공손히 드린다.
③ 명함은 넉넉히 준비하여 자유로이 교환할 수 있도록 한다.
④ 인사가 끝난 후 나중에 명함을 드린다.

07 서비스맨의 유니폼 체크사항에서 부적절한 것은? (   )

① 단추는 떨어지지 않았는지
② 얼룩, 구김, 뜯어진 곳은 없는지
③ 비듬이 떨어져 있지 않은지
④ 바지의 다림질은 필요없다.

08 의사소통에서 거리가 먼 것은? (   )

① 상대방과 대화를 나누는 것이다.
② 상대방과 문서로 확인한다.
③ 상대방과 몸짓으로 필요한 내용을 알려준다.
④ 제삼자가 의사소통하는 것을 엿듣는다.

09 의사소통을 영어로 올바르게 표시된 것은? (   )

① communication   ② customer
③ guest   ④ consumer

10 의사소통에 대한 설명이다. 맞는 것은? (   )

① 내가 상대방에게 메시지를 전달하는 과정이다.
② 정보 전달 이상은 아니다.
③ 상대방이 어떻게 생각할까에 대한 고려가 필요하다.
④ 주임이 과장님에게 메시지를 남겨두는 것이다.

11 의사소통 저해요인에 해당하지 않는 것은? (   )

① 선입견과 고정관념
② 의사소통 기법에 미숙
③ 표현능력의 부족
④ 이해 능력의 풍부

12 의사소통능력 개발을 위한 것이 아닌 것은? (   )

① 사후검토와 피드백의 활용   ② 언어의 복잡화
③ 적극적인 경청   ④ 감정의 억제

13 문서이해와 관련이 없는 것은? (   )

① 문제점은 도표를 이용한다.
② 문제점은 숫자로 보고한다.
③ 문제점은 기호를 이용한다.
④ 문제점은 구두로 보고한다.

14 다음 ( ) 문서를 올바르게 설명한 것은? (   )

- 정부 행정기관에서 대내적, 혹은 대외적 공무를 위한 문서

① 공문서   ② 설명서
③ 기획서   ④ 기안서

15 다음 중 기안서를 가장 잘 설명한 것은? (   )

① 회사의 업무에 대한 협조를 구하거나 의견을 낼 때 작성하는 문서
② 상대에게 기획의 내용을 전달하여 기획을 시행하도록 설득하는 문서
③ 언론을 상대로 정보가 기사로 보도되도록 보내는 문서
④ 수입과 지출 결과를 보고하는 문서

16 다음 중 기획서를 가장 잘 설명한 것은? (   )

① 회사의 업무에 대한 협조를 구하거나 의견을 낼 때 작성하는 문서
② 상대에게 기획의 내용을 전달하여 기획을 시행하도록 설득하는 문서
③ 언론을 상대로 정보가 기사로 보도되도록 보내는 문서
④ 수입과 지출결과를 보고하는 문서

17 문서작성 요소에 해당하지 않는 것은? (   )

① 품위있고 짜임새 있는 골격
② 주관적이고 논리적이며 체계적인 내용
③ 이해하기 쉬운 구조
④ 명료하고 설득력 있는 구체적인 문장

18 문서작성 시 문서에 포함되지 않는 것은? (   )

① 대상   ② 목적
③ 시기   ④ 결과

19 문서에서 설명서를 잘못 설명한 것은? (   )

① 명령문으로 작성하는 것이 좋다.
② 평서문으로 작성하는 것이 좋다.
③ 간결하게 작성하는 것이 좋다.
④ 전문용어는 피하는 것이 좋다.

20 문서작성의 원칙으로 부적절한 것은? (   )

① 문장을 짧고, 간결하게 작성한다.
② 상대방이 이해하기 쉽게 쓴다.
③ 한자 사용을 가급적 권장한다.
④ 긍정문으로 작성한다.

21 문서작성 시 주의해야 할 사항으로 부적절한 것은? (   )

① 문서의 작성시기는 매우 중요하다.
② 다시 한번 내용을 검토해야 한다.
③ 문서내용은 정확성을 기해야 한다.
④ 필요한 자료 이외에도 많은 자료를 첨부한다.

22 문서작성의 원칙에 적절하지 않은 것은? (   )

① 문장은 짧지 않아야 한다.
② 문장은 긍정문 형식이 좋다.
③ 문서의 주요한 내용을 먼저 쓰도록 한다.
④ 문장은 짧고, 간결한 것이 좋다.

23 문서를 시각화하는 데 적절하지 않은 것은? (   )

① 보기 쉬워야 한다.   ② 이해하기 어려워도 상관없다.
③ 다채롭게 표현되어야 한다.   ④ 숫자는 그래프로 표시한다.

24 경청의 방법으로 부적절한 것은? (   )

① 혼자서 대화를 독점한다.   ② 상대의 말을 가로채지 않는다.
③ 이야기를 가로막지 않는다.   ④ 말하는 순서를 지킨다.

25 경청에 대한 설명으로 부적절한 것은? (　)

① 경청이란 다른 사람의 말을 주의 깊게 듣는 것이다.
② 우리가 경청하면 상대는 안도감을 느낀다.
③ 경청하면 상대는 매우 편안해진다.
④ 경청해 주는 것으로 좋아하는 것과 싫어하는 것을 알 수 있다.

26 경청하는 데 부적절한 자세는? (　)

① 상대를 위해, 눈을 마주치지 않는다.
② 손이나 다리를 꼬지 않는다.
③ 상대를 향하여 다가가 앉는다.
④ 관심을 가지고 있다는 사실을 알린다.

27 경청에 관한 설명 중 맞지 않는 것은? (　)

① 경청능력은 연습하여 개발할 수 있다.
② 경청훈련은 모든 인간관계에 적용할 수 있다.
③ 적절한 맞장구는 대화하는 데 도움이 된다.
④ 경청능력은 연습하여 개발할 수 없다.

28 의사표현에서 신체언어가 아닌 것은? (　)

① 표정　　　　　　　　　② 손짓
③ 구어　　　　　　　　　④ 몸짓

29 의사표현에서 잘못된 설명은? (　)

① 의사표현에는 음성표현과 신체표현이 있다.
② 의사표현은 한마디로 말하기이다.
③ 의사표현에서 자신을 표현하는 것은 중요하지 않다.
④ 의사표현의 종류에는 공식적 말하기, 의례적 말하기, 친교적 말하기 등이 있다.

30 성공하는 사람의 이미지를 위한 의사표현에 부적절한 것은? (　　)

① 상대의 말에 공감한다.　　　② 대화 패턴을 주의 깊게 살펴본다.
③ 긍정적인 말을 하는 것이 좋다.　　④ 죄송하다, 미안하다는 말을 자주 쓴다.

31 연단공포(두려움)를 없애기 위한 방법 중 부적절한 것은? (　　)

① 청자가 고관이라도 청자를 의식할 필요는 없다.
② 말할 때 적절한 휴식도 필요하다.
③ 많은 시간 스피치할 내용을 준비한다.
④ 청중의 눈을 자주 보는 것은 좋지 않다.

32 상황과 대상에 따른 의사표현의 설명으로 부적절한 것은? (　　)

① 상대의 잘못은 확실하게 지적해야 한다.
② 부탁하는 경우는 비용, 기간, 순서 등을 명확하게 제시해야 한다.
③ 거절해야 하는 경우 먼저 설명을 하고 이해를 구한다.
④ 설득에서 자신이 변하는 것과 상대가 변하는 것은 별개이다.

33 효과적인 의사표현방법 설명에서 부적절한 것은? (　　)

① 어려운 말을 많이 쓰는 것은 좋은 모습이 아니다.
② 맞장구를 치면 상대방 기분이 좋지 않을 수 있다.
③ 빈정대는 듯한 표현은 하지 않는 것이 바람직하다.
④ 축약된 말보다는 문장을 완전하게 말하는 것이 좋다.

34 기초외국어 능력에 대한 설명 중 조금 부적절한 것은? (　　)

① 출퇴근 시간에 외국어 방송을 보거나 듣는 것으로는 부족하다.
② 혼자 공부하는 것보다는 라이벌을 정하고 공부한다.
③ 실수를 두려워하지 말고, 기회가 되면 외국어로 말한다.
④ 매일 30분 정도 반복해서 공부한다.

35 두 사람 또는 그 이상의 사람들 사이에서 일어나는 의사의 전달과 상호교류가 이루어진다는 과정의 의미는 무엇에 대한 설명인가? (　　)

① 의사소통　　　　　　　　② 문서작성
③ 문서이해　　　　　　　　④ 경청능력

36 직업현장에서 의사소통의 기능으로 부적절한 것은? (　　)

① 조직과 팀이 효과적으로 성취할 목적이 중요하다.
② 공통의 목표를 추구해 나가는 집단 내의 기본적인 도구이다.
③ 조직 구성원들 간의 정보를 공유하는 역할이 중요하다.
④ 자신의 생각과 느낌을 일방적으로 표현하는 것이 중요하다.

37 의사소통의 올바른 태도로 부적절한 것은? (　　)

① 공통적인 의미를 만들어내기 위해 서로 노력한다.
② 비언어적 수단을 통해 혼자서 노력하는 과정이다.
③ 상대방이 어떻게 받아들일 것인가를 고려해야 한다.
④ 성공적인 의사소통을 위해서 자신이 가진 정보를 상대에게 이해시킨다.

38 다음은 무엇에 대한 설명인가? (　　)

> - 상황과 목적에 적합한 문서를 시각적이고 효과적으로 작성하기 위한 능력

① 문서이해 능력　　　　　　② 문서작성 능력
③ 언어이해 능력　　　　　　④ 언어표현 능력

39 다음은 무엇에 대한 설명인가? (　　)

> - 직업현장에서 자신의 업무와 관련된 인쇄물이나 기호화된 정보를 확인한다.

① 문서이해 능력　　　　　　② 문서작성 능력
③ 언어이해 능력　　　　　　④ 언어표현 능력

40 직장인에게 필요한 의사소통능력 중 언어적인 측면에 해당하는 것은? (　)

① 의사표현능력　　　　　　　② 문서작성능력
③ 문서이해능력　　　　　　　④ 손짓표현능력

41 기초외국어 능력을 대하는 마음으로 부적절한 것은? (　)

① 자신의 부족한 외국어 실력을 의식하여, 실수가 없도록 한다.
② 상대방과 목적을 공유하는 것이 중요하다.
③ 외국어는 너무 어렵다는 사고를 버리는 것이 중요하다.
④ 자신을 극복하는 것이 중요하다.

42 의사소통의 저해요인이 아닌 것은? (　)

① 상대방을 이해하는 마음　　② 선입견과 고정관념
③ 표현능력의 부족　　　　　　④ 판단적이며 평가적인 태도

43 의사소통을 개발하기 위한 것으로 부적절한 것은? (　)

① 사후검토　　　　　　　　　② 피드백 주고받기
③ 언어의 복잡화　　　　　　　④ 적극적인 경청

44 회사의 업무에 대한 협조를 구하기 위해 의견을 작성하는 사내 공문서는? (　)

① 기안서　　　　　　　　　　② 보고서
③ 설명서　　　　　　　　　　④ 기획서

45 특정한 일에 관한 현황이나 진행사항 또는 결과 등을 보고하고자 할 때 작성하는 문서는? (　)

① 기안서　　　　　　　　　　② 보고서
③ 설명서　　　　　　　　　　④ 기획서

46 적극적인 아이디어를 내고 기획해 하나의 문서형태로 시행하도록 설득하는 문서는? ( )

① 기안서   ② 보고서

③ 설명서   ④ 기획서

47 문서이해를 위한 절차 6단계 중 가장 먼저 해야 할 것은? ( )

① 내용을 요약정리   ② 현안문제를 파악

③ 문서의 목적 이해   ④ 배경과 주제 파악

48 설명서의 올바른 작성법으로 부적절한 것은? ( )

① 성격에 맞춰 정확하게 기술한다.

② 명령문으로 작성한다.

③ 간결하게 작성한다.

④ 전문용어는 가급적 사용하지 않는다.

49 기획서의 올바른 작성법으로 부적절한 것은? ( )

① 인용한 자료의 출처는 중요하지 않다.

② 체계적으로 목차를 구성하도록 한다.

③ 핵심 내용의 표현에 신경을 쓴다.

④ 표나 그래프를 이용하여 시각화하도록 한다.

50 문서작성의 원칙으로 부적절한 것은? ( )

① 한자어를 최대한 많이 사용한다.

② 간결하게 작성하도록 한다.

③ 주요한 내용을 먼저 쓰도록 한다.

④ 간단한 표제를 붙인다.

51 다른 사람의 말을 주의 깊게 들으며, 공감하는 능력이다. 적절한 것은? ( )

① 문서이해 능력   ② 문서작성 능력

③ 경청능력   ④ 언어이해 능력

52 경청을 방해하는 방법으로 부적절한 것은? ( )

① 상대방을 이해하며 듣기   ② 상대방의 말을 짐작하며 듣기

③ 상대방의 말을 판단하며 듣기   ④ 대답할 말을 미리 준비하며 듣기

53 효과적인 경청방법으로 부적절한 것은? ( )

① 대화에 적절히 반응한다.   ② 주의를 집중한다.

③ 적당히 걸러내며 듣는다.   ④ 나와 관련성을 생각해 본다.

54 효과적인 의사표현으로 부적절한 것은? ( )

① 현란한 언어구사력   ② 몸짓

③ 적절한 유머   ④ 음성

55 연단공포증(두려움)을 극복하기 위한 방법으로 부적절한 것은? ( )

① 충분히 휴식을 취한다.   ② 청자분석은 관계가 없다.

③ 시간보다 많이 준비한다.   ④ 청중에게 말할 기회를 많이 가진다.

56 설득력 있는 의사표현을 위한 방법으로 부적절한 것은? ( )

① 침묵을 지키는 사람의 참여도를 높인다.

② 호칭을 바꿔서 심리적 간격을 좁힌다.

③ 정보전달 공식은 이용하지 않는다.

④ 권위있는 사람의 말이나 작품을 인용한다.

57 Restaurant의 의미로 부적절한 것은? (   )

① 식사하는 장소로만 정의할 수 있다.
② 기력을 회복한다는 의미이다.
③ 원기를 되찾는다는 의미이다.
④ 휴식을 취하면서 심신을 회복한다는 의미이다.

58 고객의 입장에서 식당의 개념을 잘 설명한 것은? (   )

① 영리를 목적으로 하는 장소이다.
② 이익을 목적으로 하는 장소이다.
③ 편안하고 안락하게 쉴 수 있는 장소이다.
④ 고급스런 시설이 필요하다.

59 서비스의 정의로 부적절한 것은? (   )

① 배분   ② 봉사
③ 친절   ④ 무료

60 서비스의 3S에 포함되지 않는 것은? (   )

① speciality 전문   ② speed 신속
③ smile 미소   ④ sincerity 진심

61 호텔의 객실업무가 아닌 것은? (   )

① 룸서비스   ② 벨데스크
③ 프런트데스크   ④ 도어 데스크

62 호텔 식음부서의 업무가 아닌 것은? (　　)

① 룸서비스　　　　　　　　② 커피숍
③ 벨데스크　　　　　　　　④ 연회장

63 호텔종사원의 태도로 부적절한 것은? (　　)

① 명랑한 표정을 짓는다.　　② 직원들과 담소를 나눈다.
③ 밝은 미소로 인사한다.　　④ 전화는 친절하게 받는다.

64 와인전문가로 적절한 것은? (　　)

① 컨시어지　　　　　　　　② 소믈리에
③ 바텐더　　　　　　　　　④ 바리스타

65 커피 전문가로 적절한 것은? (　　)

① 컨시어지　　　　　　　　② 소믈리에
③ 바텐더　　　　　　　　　④ 바리스타

66 호텔에서 안내업무를 전문적으로 하는 곳은? (　　)

① 바텐더　　　　　　　　　② 룸서비스
③ 컨시어지　　　　　　　　④ 바리스타

67 호텔종사원의 고객에 대한 태도로 부적절한 것은? (　　)

① 정확한 서비스 정신을 발휘한다.
② 고객이 질문하면 다른 일을 하면서 처리한다.
③ 메모지를 항상 휴대하고 사용한다.
④ 인종과 성별에 따라 차별하지 않는다.

68 호텔 객실을 정비(청소)하는 종사원의 호칭은? (   )

① 컨시어지　　　　　　　② 플로어 매니저
③ 룸메이드　　　　　　　④ 플로어 클럭

69 호텔 총지배인을 영어로 어떻게 표시하는가? (   )

① Deputy manager　　　　② Front Manager
③ General manager　　　　④ Duty manager

70 상향식 의사소통을 잘 설명한 것은? (   )

① 부하직원이 자발적으로 상사에 보고 전달하는 것을 말한다.
② 상사가 부하직원에게 정보 내용을 전달하는 것을 말한다.
③ 비공식적인 방법으로 내용 전달하는 것을 말한다.
④ 공식적인 방법으로 전 직원에게 알리는 것을 말한다.

71 하향식 의사소통을 잘 설명한 것은? (   )

① 부하직원이 자발적으로 상사에 보고 전달하는 것을 말한다.
② 상사가 부하직원에게 정보 내용을 전달하는 것을 말한다.
③ 비공식적인 방법으로 내용 전달하는 것을 말한다.
④ 비공식적인 방법으로 경영진에게 알린다.

72 의사소통의 구성요소로 적합하지 않은 것은? (   )

① 송신자　　　　　　　② 수신자
③ 제삼자　　　　　　　④ 메시지

73 하향식 의사소통으로 적절하지 않은 것은? (   )

① 비전 및 미션 발표　　　　② 고객만족 헌장 발표
③ 신년메시지 발표　　　　　④ 업장에서 고객불만 보고

74 비공식적인 의사소통으로 즉, 루머나 잡담 등으로 맞는 것은? (   )

① 상향식 의사소통　　　　　② 하향식 의사소통
③ 그레이프바인　　　　　　 ④ 수평적 의사소통

75 의사표현의 종류로 부적절한 것은? (   )

① 공식적 말하기　　　　　　② 비공식적으로 듣기
③ 의례적 말하기　　　　　　④ 친교적 말하기

76 의사표현에서 말의 영향력 3요소 중 가장 강력한 것은? (   )

① 시각적 효과　　　　　　　② 청각적 효과
③ 말의 내용 효과　　　　　　④ 화자의 몸짓 효과

77 유형별 의사소통에서 주도형으로 적절한 것은? (   )

① 낙천적이며 사람 중심의 유형　　② 목표 지향적이고 도전적인 유형
③ 사람 중심의 관계 중요시 유형　　④ 과업 중심의 유형

78 유형별 의사소통에서 사교형으로 적절한 것은? (   )

① 낙천적이며 사람 중심의 유형
② 목표 지향적이고 도전적인 유형
③ 사람 중심의 관계를 중요시하는 안정 유형
④ 과업 중심의 유형

79 유형별 의사소통에서 안정형으로 적절한 것은? (   )

① 낙천적이며 사람 중심의 유형
② 목표 지향적이고 도전적인 유형
③ 사람 중심의 관계를 중요시하는 안정 유형
④ 과업 중심의 유형

80 유형별 의사소통에서 신중형으로 적절한 것은? (   )

① 낙천적이며 사람 중심의 유형
② 목표 지향적이고 도전적인 유형
③ 사람 중심의 관계를 중요시하는 안정 유형
④ 과업 중심의 유형

연습문제 정답

✎정답

01 ④	02 ③	03 ④	04 ③	05 ③	06 ④	07 ④	08 ④	09 ①	10 ③
11 ④	12 ②	13 ④	14 ①	15 ①	16 ②	17 ②	18 ④	19 ①	20 ③
21 ④	22 ①	23 ②	24 ①	25 ④	26 ①	27 ④	28 ③	29 ③	30 ④
31 ④	32 ④	33 ②	34 ①	35 ①	36 ④	37 ②	38 ②	39 ①	40 ①
41 ①	42 ①	43 ③	44 ①	45 ②	46 ④	47 ③	48 ②	49 ①	50 ①
51 ③	52 ①	53 ③	54 ①	55 ②	56 ③	57 ①	58 ③	59 ①	60 ①
61 ①	62 ③	63 ②	64 ②	65 ④	66 ③	67 ②	68 ③	69 ③	70 ①
71 ②	72 ③	73 ④	74 ③	75 ②	76 ①	77 ②	78 ①	79 ③	80 ④

참고문헌

1. 국내문헌

교육부(2019), 환영·환송, 한국직업능력개발원

김나위(2017), DISC 일간의 성격 비교 연구, (사)아시아문화학술원

김미자(2008), 성공하는 리더의 글로벌 매너, 백산출판사

김양호(2001), 성공하는 사람은 화술이 다르다, 한림원

레저산업진흥연구소(2000), 호텔용어사전, 백산출판사

박소연·변풍식·유은경(2012), 서비스 리더십과 커뮤니케이션, 한올

박인규·최민우(2010), 주장실무관리, 기문사

박종모(2018), 호텔리어가 알려주는 호텔이야기, 지식인

박혜정(2010), 고객서비스실무, 백산출판사

서여주(2019), 고객응대실무, 백산출판사

양영근(2000), 관광학의 이해, 백산출판사

오두범(1994), 조직커뮤니케이션원론, 서울대학교출판부

오흥진·송대근(2016), 호텔레스토랑실무, 지식인

이정학(2006), 호텔경영의 이해, 기문사

이지연(2019), 의사소통액션북, 백산출판사

이창호(2007), 스피치 달인의 생산적 말하기, 북포스

정경훈·박호래(1995), 호텔경영론, 형설출판사

한국산업인력공단(2020), 대인관계능력매뉴얼

한국산업인력공단(2020), 의사소통능력매뉴얼

허정봉·송대근(2007), 호텔경영학의 만남, 대왕사

현재천·이용로·오문향(2015), 호텔객실실무론, 학현사

호텔신라(2002), 서비스 품질 우수기업 인증제

홍기선(1984), 커뮤니케이션론, 다남

2. 국외문헌

Charles E. Redfield(1985), *Communication in Management*, rev. ed., Univ. of Chicago Press

Claude E. Shannon & Warren Weaver(1919), *The Mathematical Theory of Communication(unqaua)* Univ. of Ill. Press

Coyne, R.(1995), "The Reservations Revolution", *Hotel and Motel Management*, July: 54-57

Joseph, A. Devito(2000), *Human communication*, Addison-Wesley, Educational Publishers Inc.

Kram, K. E.(1983), Phases of Mentoring Relationship, *Academy of Journal*, 26(4): 607, 614

Roy M. Berko, Andrew D. Wolvin, and Darlyn R. Wolvin(1998), *Communicating*, Houghton Miffin Company

Suzanne Osbon, and Machale T. Motley(1999), *Improving Communication*, Houghton Miffin

Werner J. Severin, and Tames W. Tankard, Jr.(1979), *Communication Theories : Origins, Methods, Uses*, New York : Hastings House, pp.5-7

Wilbur Schramm(1971), "Nature of Communication between Humans", In Wilbur Schramm and Donald E. Rober(Eds.), *The Process and Effects of Mass Communication*, rev. ed., Urbana : Univ. of Ill. Press, p.19

저자약력

현재천
- 현) 부산과학기술대학교 호텔관광경영과 교수
- 세종대학교 대학원 호텔관광경영학 박사
- 호텔경영사 자격취득(호텔 총지배인 자격)
- 호텔신라, 제주호텔 차장
- 조선호텔, 부산 신세계조선호텔 과장

저서: 호텔객실실무론 등

e-mail: jchyun5522@naver.com

최민우
- 현) 부산과학기술대학교 바리스타과 교수
- 세종대학교 대학원 호텔관광경영학 박사
- 사단법인 한국식음료교육협회 이사
- 조주기능사 필기시험 문제출제 위원(한국산업인력공단)
- 호텔관리사, 호텔서비스사 국가자격시험 필기시험 출제위원(한국산업인력공단)
- 르네상스서울호텔 판촉부 과장

저서: 관광법규, 호텔경영론, 주장실무관리 외 다수
논문: 호텔기업의 부서별 정보시스템 활용 방안에 관한 연구 외 다수

저자와의
합의하에
인지첩부
생략

글로벌시대의 의사소통스킬

2024년 1월 5일 초판 1쇄 인쇄
2024년 1월 10일 초판 1쇄 발행

지은이 현재천 · 최민우
펴낸이 진욱상
펴낸곳 (주)백산출판사
교 정 성인숙
본문디자인 오행복
표지디자인 오정은

등 록 2017년 5월 29일 제406-2017-000058호
주 소 경기도 파주시 회동길 370(백산빌딩 3층)
전 화 02-914-1621(代)
팩 스 031-955-9911
이메일 edit@ibaeksan.kr
홈페이지 www.ibaeksan.kr

ISBN 979-11-6567-747-3 93320
값 16,000원